Christian Herwartz, Maria Jans-Wenstrup,
Katharina Prinz, Elisabeth Tollkötter,
Josef Freise (Hg.)

IM ALLTAG DER STRASSE GOTTES SPUREN SUCHEN

Persönliche Begegnungen in Straßenexerzitien

neukirchener
aussaat

FSC
www.fsc.org
MIX
Papier aus verantwortungsvollen Quellen
FSC® C014138

Dieses Buch wurde auf FSC®-zertifiziertem Papier gedruckt. FSC (Forest Stewardship Council®) ist eine nichtstaatliche, gemeinnützige Organisation, die sich für eine ökologische und sozialverantwortliche Nutzung der Wälder unserer Erde einsetzt.

Bibliografische Information der Deutschen Bibliothek
Die Deutsche Bibliothek verzeichnet diese Publikation in der Deutschen Nationalbibliografie; detaillierte bibliografische Daten sind im Internet über http://dnb.ddn.de abrufbar.

Umschlaggestaltung: Andreas Sonnhüter, www.sonnhueter.com, unter Verwendung eines Bildes von ostill, KuLouKu © Shutterstock.com
Projektmanagement und Lektorat: Anja Schäfer, Hamburg
DTP: Breklumer Print-Service, www.breklumer-print-service.com
Verwendete Schriften: Klavika, Sabon
Gesamtherstellung: FINIDR, s.r.o.
Printed in Czech Republic
ISBN 978-3-7615-6270-3 (Print)
ISBN 978-3-7615-6271-0 (E-Book)

www.neukirchener-verlage.de

Inhalt

Empfindungen

als ich
nichts vorhatte
wurde mein
Herz
plötzlich

wie von
Innenaußen

mild
durchwärmt

und ich

hatte offene
Augen
Ohren
alle Sinne
a u f

für alles

was mir

im Begegnen
d a

erschien

Markus Roentgen

Teil A
Einführung

Herzlich willkommen

Die Exerzitien auf der Straße sind ein Geschenk des Lebens. Wir üben, die liebende Gegenwart Gottes auf der Straße wahrzunehmen, indem wir achtsam, offen und hörend auf die Straße gehen. In uns wird ein Prozess angestoßen, durch den wir aufmerksamer werden für das, was uns „zufällig" begegnet oder in uns wach wird. Unsere eigene Sehnsucht weist uns den Weg. Mit ihr tasten wir uns an unsere Wirklichkeit heran. Unterstützt von „zufälligen" Ereignissen unterwegs, begegnen wir den Brüchen und Fragen unseres Lebens. Dann spüren wir oft, wie das Leben selbst uns einlädt, über unsere eigene Wirklichkeit zur Einheit mit anderen zu finden, die wir mehr und mehr als Brüder und Schwestern erfahren. Mitten in der Unsicherheit, sie als Geschwister anzunehmen, entdecken wir überraschend auf der Straße das Geschenk der Liebe, die Quelle des Lebens. Wir nehmen die liebende Gegenwart Gottes auf der Straße wahr und ziehen auf diesem heiligen Boden unsere Schuhe aus.

Aus dem reichen Schatz der vielen Erfahrungsberichte von Exerzitien auf der Straße ist dieses Buch entstanden. Wir laden die Leser_innen[1] ein, im offenen Raum der Straße aufmerksam die eigenen Erfahrungen wahr-

[1] Wir verwenden in diesem Buch eine gendergerechte Sprache. Mithilfe eines Unterstriches sollen alle sozialen Geschlechter und Geschlechtsidentitäten, Lebensformen und Hintergründe einbezogen werden.

zunehmen, mitsamt Umgebung und inneren Bewegungen.

Die Übungen der Straßenexerzitien haben ihren Ursprung in der christlichen Tradition der Exerzitien (lateinisch *exercitium* = Übung). Ignatius von Loyola (geboren am 31.5.1491 im Baskenland/Spanien, gestorben am 31.7.1556 in Rom) entdeckte diesen Übungsweg besonders in den neun Monaten, in denen er in der kleinen Stadt Manresa am Fuße der Pyrenäen als Obdachloser lebte. Danach pilgerte er nach Jerusalem und gründete die Gesellschaft Jesu, den Jesuitenorden.

Die Straßenexerzitien werden in diesem Buch vor allem aus der Perspektive der Übenden dargestellt, die aus allen sozialen Schichten und vielfältiger religiöser Praxis kommen. Fünf Exerzitienbegleiter_innen führen in den Übungsweg ein und haben die Texte der Übenden zusammengestellt. Doch zu Anfang erzählen sie selbst ihren persönlichen Zugang zu diesem Exerzitienweg. Danach folgt das Herzstück des Buches mit den spirituellen Erfahrungsberichten in drei Abschnitten, die dem Ablauf der Exerzitien entsprechen: das Entdecken der eigenen Sehnsucht, das Übertreten der lebenseinschränkenden Grenze und schließlich die Rückkehr in den Alltag nach der Begegnung mit der Quelle des Lebens.

Eingeleitet werden die Abschnitte mit spirituellen Hinweisen dazu, was in der jeweiligen Zeit bei den Einzelnen anstehen könnte. Gedichte von Markus Roentgen stehen am Ende der jeweiligen Wegstrecke. Einzelne längere Erfahrungsberichte, die sich auf die gesamte Zeit der Straßenexerzitien beziehen, schließen sich an.

Auf die spirituellen Erfahrungen folgen Reflexionen zu zentralen Bibelstellen auf dem Weg der Straßenexerzitien und zudem spirituelle und gesellschaftsbezogene Reflexionen. Als Nachwort schrieb Klaus Mertes einen persönlichen Beitrag, in dem er aufzeigt, wie die Straßenexerzitien für ihn als Jesuiten zum Schlüssel des Verständnisses ignatianischer Exerzitien wurden. Im Anhang finden sich Hinweise zu Literatur und Material im Internet.

Bei den in ihrer Form sehr unterschiedlichen Erfahrungsberichten wurden die Verfasser_innen so genannt, wie sie es sich wünschten: mit vollem Namen, mit Vornamen, Decknamen oder auch einfach nur mit einem Buchstaben. Die anderen Texte wurden gemeinsam verfasst. Für die Einführung und die Deutungen der Bibeltexte fühlte sich Christian Herwartz verantwortlich, für die Einleitungen zum Abschnitt „Die eigene Sehnsucht entdecken“ waren es Elisabeth Tollkötter und Katharina Prinz, für „Über die eigenen Grenzen gehen“ Katharina Prinz und Christian Herwartz, für den Abschnitt „In den Alltag gehen“ Maria Jans-Wenstrup (nach vorbereitenden Gesprächen mit Marita Herwartz), die auch die Erfahrungsberichte zusammenstellte. Katharina Prinz schrieb den Text zu den theologischen Reflexionen und Josef Freise formulierte die gesellschaftlichen Kontexte auf der Basis von Beiträgen aller Redaktionsmitglieder.

Marita Herwartz unterstützte das Entstehen dieses Buches mit ihren Begleiterfahrungen besonders in den Exerzitien für Paare. In der Vorbereitungszeit erlitt sie einen Gehirninfarkt und fiel in ein längeres Koma. Wie durch ein Wunder ist sie wieder auf den Beinen, doch die Gestaltung des Buches hat sie uns überlassen. Hannah Schnur hat Korrekturen und Rückmeldungen vieler umsichtig eingearbeitet. Allen, die auf diese und andere Weise bei der Verwirklichung dieses Buches mitgewirkt haben, danken wir herzlich.

Wir Herausgeber_innen sind im christlichen Glauben verwurzelt. Wir sehen in Jesus den von Gott geliebten und seine Liebe weiterschenkenden Menschen. Weil er als Auferstandener in und unter uns lebt, können wir ihn auch heute entdecken. In den Straßenexerzitien erfahren wir oft: Jeder Mensch ist ein Geschenk der Liebe. Er oder sie hat diese Liebe empfangen und kann sie weitergeben. Wir hoffen, dass dieses Buch nicht nur Christ_innen anspricht, sondern, wie die Exerzitien auf der Straße in der Praxis gezeigt haben, auch Menschen anderer Religionen und Weltanschauungen, also viele, die auf der Suche nach dieser Liebe sind, die uns Menschen untereinander und mit der Schöpfung verbindet.

Persönliche Zugänge
Wie kamen wir Herausgeber_innen zu den Straßenexerzitien?

Christian Herwartz

Am Anfang eine Bitte und am Ende Dankbarkeit über die empfangenen Geschenke

In Berlin-Kreuzberg lebe ich in einer offenen Wohngemeinschaft zusammen mit Menschen aus vielen Teilen der Welt. Sie kommen aus unterschiedlichen sozialen, religiösen und politischen Zusammenhängen. Hier können im persönlichen Kontakt auch unkonventionelle Anliegen ausgesprochen und es kann nach der dahinterliegenden Sehnsucht gesucht werden.

Ein Theologiestudent aus Frankfurt, Ludger V., fragte sich am Ende seines Studiums, ob er für ein Jahr in einem Aids-Hospiz arbeiten solle. Diese Entscheidung wollte er im Sommer 1996 während einer Exerzitienzeit in unserer eng belegten Wohngemeinschaft fällen. Mir war dieses Ansinnen damals unverständlich, da nur in meinem Schlafzimmer mit sieben Betten Platz für ihn war, wir keinen stillen Raum für die Meditationen haben und außerdem hatte ich noch nie Exerzitien begleitet. Doch er kam trotzdem. Abends, wenn ich von meiner Arbeit in der Fabrik zurück war, hörte ich seinen Erzählungen zu. Ludger meditierte seine innere Zerrissenheit auf dem schmalen Pflasterstreifen, der an den Verlauf der Berliner Mauer erinnert. Er ging mit einem Fuß rechts und mit dem anderen links davon. Oder er meditierte auf der Straße die Wunden der Stadt. Eines Tages erzählte er von Menschen ohne Schatten auf dem gut ausgeleuchteten Potsdamer Platz – für ihn eine Höllenerfahrung. Später nahm ihn ein Obdachloser mit und zeigte ihm sein Kreuzberg. Nach diesem Spaziergang war die Entscheidung für eine Zeit im Hospiz gefallen.

Im Hören auf seine Erfahrungen wurde mir mein anfängliches Nein aus der Hand gerissen: „Ja, solche Entscheidungsprozesse sind auch bei uns möglich." Ich wurde noch zweimal Zeuge solch spannender Entwicklungsgänge bei einzelnen Besuchern und dann im Jahr 1998 während eines kleinen Exerzitienkurses. Die Teilnehmer_innen konnten in der Sommerpause die Räume einer Wärmestube nutzen. Danach blieb das große Geschenk der Kreuzberger Exerzitien, wie sie damals noch hießen, weitgehend unbeachtet. Doch als ich Anfang des Jahres 2000 arbeitslos wurde, begann ein neues Kapitel der Straßenexerzitien und ich wurde von den anderen Begleiter_innen zum Auspacken dieses Geschenkes angehalten.

In den vielen Jahren als Arbeiter an der Drehbank, im Lager oder bei Umzügen betete ich täglich darum, in meinen Kolleg_innen dem auferstandenen Christus zu begegnen. Ich wurde beschenkt. Für meine eigenen Exerzitien auf der Straße fand ich im Winter 2003 eine Unterkunft in der Notschlafstelle Berlin-Friedrichshain und eine gute Begleiterin. Nach einigen Tagen drängte es mich innerlich, einen Hindutempel aufzusuchen. Auf dem Weg dorthin verharrte ich erschrocken an der Stadtteilgrenze, als stünde ich an der Frontlinie und wolle fahnenflüchtig zum Feind überlaufen. Den Tempel führten Menschen aus Sri Lanka. Dort wurden im aktuellen Bürgerkrieg viele Christen umgebracht. Freunde lebten in Solidarität mit den von dort Geflohenen. Nach einer längeren Pause ging ich schließlich im Gebet weiter. Ich stieg nach einigem Zögern von der Straße aus die steile Treppe zum Tempelraum im Keller eines Wohnhauses hinab, wo ich mir meine Schuhe auszog. Dort sah ich mich um und fand einen Platz gegenüber den religiösen Statuen. Ich setzte mich auf den Boden. Zwischen den Figuren stand ein Priester mit Weihrauch und Speisen. Obwohl er den einen Gott auf eine für mich fremdartige Weise verehrte, solidarisierte ich mich mit ihm als meinem Bruder. Auch er weist mit all den Zeremonien auf unser Geschaffensein hin.

Als er mich jedoch sah, ärgerte er sich über meine Sitzhaltung und beschimpfte mich in einer mir unverständlichen Sprache. Ich setzte mich – überraschenderweise ohne inneren Ärger – respektvoller hin. Im Nachbarraum knüpften Frauen Blumengirlanden. Bald kam eine von ihnen mit einem warmen Mittagessen zu mir. Verblüfft aß ich es mit meinen Händen. Anschließend wurde mir gezeigt, wo ich sie wieder waschen konnte. Gestärkt nahm ich an den weiteren Zeremonien teil. Als der Tempelraum mittags geschlossen wurde, kam ich voll Freude mit einem roten Punkt zwischen den Augenbraunen wieder ans Tageslicht. Ich konnte das Glück der Einheit kaum fassen. Auch den Priester im Buddhatempel und den Vorbeter in der Moschee erlebte ich trotz aller Unterschiedlichkeit als Brüder im Dienst vor dem – uns allen – Heiligen. Bald danach begann in Berlin das monatliche interreligiöse Friedensgebet, an dem ich intensiv beteiligt bin. Voll Dankbarkeit schreibe ich all die Erfahrungen auf.

Maria Jans-Wenstrup

Auf Wurzeln statt auf Zäune vertrauen lernen

An einem Straßenexerzitientag gingen meine Partnerin und ich gemeinsam schweigend die Wege, die uns gerade einluden, und gerieten in eine Essener Kleingartenkolonie. In einem der Gärten stand eine große Voliere, die von Tauben bevölkert wurde. Darüber, außerhalb des Käfigs, saßen zwei wilde Tauben auf einer Leitung und ich hatte spontan den Gedanken, sie würden sich über die Tauben in der Voliere lustig machen. Dieses Bild hat mir zutiefst in die Seele gesprochen: Da sind die einen – die vielen –, gut versorgt mit allem, was Tauben so brauchen, in Gemeinschaft und in Sicherheit vor Fressfeinden und anderen Bedrohungen. Und da sind diese zwei, die selbst dafür sorgen müssen, dass sie genug zu fressen und ein halbwegs geschütztes Nest haben, und die mit allen möglichen Risiken leben müssen. Und doch war mir beim Schauen ohne Zweifel klar, dass mir das risikoreiche, aber freie und immer neu herausgeforderte Leben viel mehr entspricht als das versorgte, behütete und geregelte Leben der Käfigtauben.

Diese Erfahrung gibt vielleicht eine Ahnung davon, was mir Straßenexerzitien bedeuten. Von meiner Prägung her bin ich eher eine „Käfigtaube“, die im Geregelten ihre Sicherheit findet. Aber gleichzeitig meldete sich – lange fast unmerklich, aber doch in stetiger Wiederkehr – immer wieder in mir auch eine Sehnsucht nach mehr, eine Ahnung, dass ich „woanders hingehöre“. Diese Sehnsucht hatte zwei Seiten, die mir zunächst unvereinbar schienen: eine kontemplative, die die Einheit mit dem tiefsten Grund allen Lebens (den ich Gott benenne) suchte, und eine soziale, die den Menschen, besonders den an den Rand gedrängten, nahe sein wollte. Über die Jahre hinweg verstand ich immer ein wenig mehr, dass diese beiden Seiten durchaus etwas miteinander zu tun hatten. Als ich dann vor mehr als fünfzehn Jahren den ersten Vorläufern der Straßenexerzitien begegnete und von da aus den Weg ihres Werdens erleben und auch ein wenig mitgestalten durfte, fand ich darin genau diese meine doppelte Sehnsucht als zu einer einzigen gewordenen. Das göttliche Du ist ja nicht irgendwo in einem fernen Himmel zu Hause, sondern will mir hier im konkreten Leben begegnen. Und nirgendwo in den Evangelien ist ausdrücklich ein Ort von Gottes Anwesenheit genannt außer in der Weltgerichtsrede bei Matthäus: „Was ihr den Hungrigen, Durstigen, Fremden, Nackten, Kranken, Gefangenen getan habt, das habt ihr mir getan“ (vgl. Matthäus 25,31-46). Wenn das keine Einladung an den Ort der Gottesbegegnung ist!

Ganz allmählich konnte ich der „wilden Taube“ in mir mehr Raum geben, verlor die Angst, mich auf völlig fremde Orte, Menschen, Lebenssituationen einzustellen, mich von ihnen berühren zu lassen. Mein allzu strenges Regelwerk und Moralkorsett weichte in der Begegnung mit faszinierenden Menschen, die dort nicht hineinpassten, wie von selbst auf und entließ mich in eine größere Freiheit, die aber alles andere als ungebunden ist. Ich lernte und lerne weiter zu vertrauen, dass die Wurzeln es sind, die den nötigen Halt geben, nicht die Mauern und Zäune. Auf diesem Lernweg waren und sind mir ausdrückliche Exerzitienzeiten wichtig, in denen ich bewusst das Spüren auf Gottes Anruf im oft Banalen, vielleicht sogar Abwegigen übe. Aber als das eigentliche Geschenk erfahre ich, dass ich jederzeit auch im Alltag mit solchen Überraschungen rechnen darf und dass ich Geschwister gefunden habe, die mir helfen, sie zu deuten, auf sie zu vertrauen und mich von ihnen leiten zu lassen. Das ist kein „Zuckerschlecken" im behüteten Käfig. Aber es ist ohne Frage all die manchmal an die Grenze führenden Herausforderungen wert, in eine erwachsene Du-Beziehung mit Gott und den Menschen hineinwachsen zu dürfen.

Elisabeth Tollkötter

Den Blick immer neu säubern von Vorurteilen, Abwertungen, Ängsten

Abenteuerlich hörte sich das für mich 2001 an: „Exerzitien auf der Straße". Und Abenteuer finde ich gut, auch heute noch. Auf diese Weise kann ich meine Exerzitienwoche sportlich sehen, fröhlich Energie investieren – schließlich nennen sie sich „Übungen". Ich darf mich also anstrengen, vom Ziel der Gottesbegegnung her locken lassen! Kein „frommeliges Gebete", kein steifes „Herumgeschweige", keine „Softatmosphäre", wie ich sie teilweise in Kursen erlebt hatte. Und auch kein ideologischer Überbau, mit dem Menschen aus einer ganz speziellen Perspektive betrachtet werden, die ganz schnell zu Wertungen über sie führt – und das so subtil, dass es kaum aufzudecken ist. Das war meine spitze Kritik an manch herkömmlichem Exerzitienkurs.

Dagegen stand nun der Begriff Straßenexerzitien: Das klang nach Leben, Erdverbundenheit, Direktheit und griffigen Erfahrungen. Es setzte Assoziationen frei: Lebendigkeit, Bewegung, menschliche Nähe, Kontakt. Es meldeten sich aber auch Befürchtungen: So viel Gruppe?! So billig?! So einfach?! So ohne Stille?! Sicherheitshalber meldete ich mich gleichzeitig zu einem ganz normalen Exerzitienkurs zwei Monate später an. Für meine Gottesbeziehung wollte ich auf jeden Fall eine Woche investieren – entweder ins Abenteuer der Straße oder in einen „Versorgerkurs" im Bildungshaus. Gegebenenfalls auch beides. Sportlich bleiben ...

Kurz gesagt: Vom zweiten Kurs habe ich mich wieder abgemeldet. Meine scharfe Kritik an anderen Exerzitienkursen habe ich deutlich zurückgenommen. Aber: So „billig" und „einfach" waren geistliche Übungen eben auch möglich und ließen mich wachsen in der Beziehung zu mir selbst, zu den anderen, zu Gott. Und diese Art der Exerzitien wurde mir über die Jahre sehr lieb.

„Billig" sind diese Tage, gemeint ist preisgünstig. Bis heute halte ich das für ein unaufgebbares Element der Exerzitien. Nicht nur, weil damit die finanzielle Hürde für materiell arme Menschen fällt, sondern auch, weil Jesu Wort „Umsonst habt ihr empfangen, umsonst sollt ihr geben" darin gelebt wird. Spirituelle Wegbegleitung und spirituelle Weggemeinschaft sind unbezahlbar. Umsonst etwas anzubieten und kostenlos etwas zu empfangen, ist eine Rahmenbedingung für Freiheit – und spirituelle Übungen bedürfen dieser Freiheit von allen Seiten.

Die Straßenexerzitien faszinieren mich, weil sie mich unspektakulär und direkt einladen, mit mir selbst in Beziehung zu treten. Das gelingt einfach, indem ich auf der Straße gehe, anderen Menschen zweckfrei begegne, mich in der Gruppe austausche. Ich spüre meine Sehnsüchte. Ich erkenne meine Schattenseiten, meine Stärken und Fähigkeiten, meine Traurigkeiten, meine Leere, meine Fragen und Verwirrtheiten. Ich werde konfrontiert und reich beschenkt. In Straßenexerzitien erfahre ich, dass innere Prozesse und äußere Ereignisse so aufeinandertreffen, dass die Grenzen zwischen innen und außen zu verschwimmen scheinen und alles eins wird. Beglückend! Die Glaubwürdigkeit dieser Erfahrungen ist hoch.

Während der Straßenexerzitien werden mir auch die üblichen Grenzen zwischen Menschen unterschiedlichster Art unbedeutend. Sowohl in der Gruppe als auch bei den Begegnungen auf der Straße werden wir immer nackter und damit berührbarer – und tiefste Verbundenheit wird spürbar. Meine unersättliche Sehnsucht nach Nähe und tragfähiger Beziehung wird ruhig und sanft geführt zu der unaussprechlichen Verbundenheit aller mit allen, die den Schmerz des Alleinbleibens und der unaufhebbaren Einsamkeit in allen Beziehungen annehmen lässt. In der Anders-Zeit einer solchen Exerzitienwoche begegne ich dem tragenden Grund allen Seins, der völlig unabhängig ist von äußeren Erscheinungsbildern und inneren Zerrissenheiten. „Ich bin" reicht vollkommen aus – Gott in allem. Heiliger Grund.

Solcherart Erfahrungen werden mir zu Schlüsseln und Herausforderungen für den Alltag: Gottes JA zu mir und zu anderen zu glauben – das gibt mir Grund. Mir selbst zu glauben, dass ich immer mehr bin, als ich von mir wahrnehme – das hilft aus der Umklammerung durch intensive Gefühle jeder Art. Im anderen mehr zu erwarten, als der erste oder zehnte Blick erwarten lässt: meinen Blick immer wieder säubern von Verschmutzungen, die durch Vorurteile, alte Erfahrungen, Abwertungen, Ängste oder Bedürftigkeiten entstehen – das ist unbequem, aber zutiefst befriedigend. Lange hinzuschauen und zu warten – das macht still, wach und bereit. An meinem kleinen Ort des Lebens einfach zu tun und zu sein, was sich mir nahelegt – das macht frei und präsent: „Ich bin“. Welt in Gottes Sinne möge wachsen.

Abenteuerlich bleiben mir diese Exerzitien. Jedes Mal habe ich vorher Herzklopfen. Jedes Mal geschieht „es“ sanft, behutsam und nachhaltig. Die Begleitung sehnsüchtiger, suchender Menschen wurde mir zum heiligen Boden. Teilnehmen zu dürfen an ihrem Suchen, ihren Auseinandersetzungen, ihren Erfahrungen und ihren Schmerzen löst unmittelbar Aufmerksamkeit, Respekt und Freude aus. Wie die anderen Menschen meiner eigenen Exerzitiengruppe, wie die Menschen auf der Straße, so werden mir die, die ich in ihren Exerzitien begleite, zu Geschwistern der besonderen Art. Es ist wunderschön, so frei verbunden zu sein in der gemeinsamen Sehnsucht nach dem Mehr, nach dem Größeren, das wir Gott nennen.

Katharina Prinz

Spurensuche

Als ich das erste Mal auf die Straße ging, um Gott zu suchen, war ich elf oder zwölf. Damals wusste ich jedoch nicht, dass ich Ihn suche; erst als ich die Exerzitien auf der Straße schon begleitete, habe ich es verstanden. Als ich neun Jahre alt war, zog meine Familie von der wunderschönen Insel Föhr nach Hamburg-Altona. Das war ein krasser Wechsel für meinen ein Jahr jüngeren Bruder und mich – vom Kinderzimmer mit Meeresblick in die Großstadt, wo Alkohol und Gewalt uns jeden Tag begegneten. Im selben Jahr wurde bei meinem Bruder Krebs diagnostiziert und meine Mutter bekam Zwillinge. Plötzlich flog ich noch einmal aus dem Nest: Mein Bruder musste etliche Operationen und Krankenhausaufenthalte erdulden. Meine Eltern mussten die kleinen Zwillinge versorgen und das todkranke Kind, an dessen Bett sie auch nachts abwechselnd wachten. Diese extreme Belastung zog sich über die achtzehn Monate hin, in denen mein Bruder noch lebte – dann starb er bei uns im Wohnzimmer. Er war gerade zehn Jahre alt geworden, ich war elf. Jetzt klafften Trauer und Leere neben und in mir – und die Fremde. Alles war fort: die schöne Kindheit auf der Insel, die Freunde, der Bruder und die Eltern waren anderweitig beschäftigt. Ich: allein.

Und so trieb ich mich mehr und mehr auf der Straße herum. Es tat mir gut, in diesem Arbeiterviertel bei Menschen zu sein, die zufrieden wirkten. Ich spürte bei ihnen etwas Heiles, das mir verloren gegangen war. Und wo sie versehrt und allein, müde und vom Leben gezeichnet wirkten, auch da waren sie mir nah – sie trösteten mein Herz. Ich wusste damals nicht, warum ich ständig herumstromerte. Eines Abends, als mich wieder Trauer, riesige Sehnsucht und Einsamkeit aus dem Haus trieben, fand ich eine Fensterscheibe unter einer S-Bahn Brücke: „Teestube“ stand darauf. Es war einladend und kostete nichts. Ich fand Menschen, die mir wohltaten – von dort aus fand ich zum Jesus-Center am Schulterblatt, das von Baptisten geleitet wurde. Dieser Ort wurde mir Heimat. Ich vertiefte mein Beten, meine Beziehung zu Gott, engagierte mich auf „Straßeneinsätzen“. Ich war mit Abstand die Jüngste und durfte noch nicht einmal ohne Begleitung in die Discos, aber ich predigte am Hauptbahnhof, wenn wir Junkies, weggelaufene Jugendliche und Obdachlose einluden in unsere Teestube. Diese Erfahrung hat meine Spiritualität tief geprägt. Ich habe erfahren, dass Gott „unten“ wohnt. Ich habe Ihn gefunden und er mich, wo eigentlich nichts mehr zu suchen war; auf dem Grund des Lebensbodens, in meiner verzweifelten Suche: in meiner eigenen Versehrtheit und den Menschen auf der Straße. Als ich gut dreißig Jahre alt war, starb nach einer strapaziösen Schwangerschaft mein viertes Kind. Wieder wurde ich in tieferen Glauben geführt: Ich wollte da sein vor Gott, nicht sprechen, nicht singen oder beten – nur sein. Ich suchte die Stille. Nach einsamer Suche führte mich mein Weg ins Exerzitienhaus Gries in Oberfranken zu kontemplativen Exerzitien. Es ging um das einfache Dasein vor Gott, darum, mich Ihm, Seiner liebenden Gegenwart einfach zu überlassen; in die Einheit zu finden, die Einheit der Liebe, die in allem anwesend ist. Raus aus der Dualität, dem Hell und Dunkel, dem Gut und Böse, dem Leben und dem Tod. Ihn, Seine Liebe zu suchen und finden in allem.

Als ich 2003 bei Franz Jalics SJ an einer Arbeitswoche in Gries teilnahm, erzählte ein Teilnehmer von Exerzitien auf der Straße, die er begleitet hatte. Seitdem bin ich damit unterwegs. So wie ich Gott erst unbewusst auf der Straße und dann in der ausgerichteten Stille lieben lernte und gefunden wurde, so begegnet Gott mir jetzt mehr und mehr in allem: in meinem Inneren, in meinem Gegenüber, in der Freude und im Widerständigen. „Ich bin da!“ ist Sein und Ihr Name. Auf der Straße finde ich Gottes Versehrtheit, das Leben in der Wirklichkeit, in die ich mich hineinbegeben kann, ohne Sicherheitsgurt. Ich erlebe dieses Finden als Befreiung und als zum Leben hin heilsam, und es ist mir eine große Freude, ein Geschenk, andere auf diesem Weg zu begleiten.

Josef Freise

Das Göttliche in mir grüßt das Göttliche in dir

Ich bin erst vor Kurzem zum Team der Begleiter_innen von Straßenexerzitien dazugestoßen; meine ersten Straßenexerzitien waren im Sommer 2014. Wenn ich meinen eigenen biografischen Wurzeln nachgehe, die mich dorthin geführt haben, stoße ich auf die zweifache Suche nach politischem Engagement und meditativem Gebet. Diese Suche hat ihren Ursprung in der Umbruchzeit nach 1968: kirchlich war sie angestoßen durch das Zweite Vatikanische Konzil und die Befreiungstheologie; politisch durch die Auseinandersetzung mit dem Nationalsozialismus. Die Ausgrenzung, Diskriminierung und Vernichtung von Juden, Sinti und Roma, Kommunisten, Homosexuellen, Menschen mit Behinderung und anderen Gruppen forderte mich auf zu einem klaren Engagement: „Nie wieder Auschwitz!" Was ich damals noch nicht realisierte, war die erst viel später einsetzende Erkenntnis, wie sehr ich in meinem Denken selbst von dem diskriminierenden und ausgrenzenden Ungeist, den ich überwinden wollte, geprägt war: Ich meinte immer sehr schnell zu wissen, was politisch richtig war. Alles sortierte ich sofort in Kategorien von Richtig und Falsch.

Herausgeholt aus diesem Schwarz-Weiß-Denken haben mich in den 1970er-Jahren die internationalen Jugendtreffen in Taizé sowie Jean Goss und Hildegard Goss-Mayr, Friedensaktivisten im Internationalen Versöhnungsbund, mit ihrem Ansatz der christlichen Gewaltfreiheit: In Taizé lernte ich beim „Konzil der Jugend" so viele unterschiedliche Menschen mit mich zum Teil verstörenden Denk- und Glaubensvorstellungen kennen und mögen, dass ich es aufgab, alle immer beurteilen zu wollen. Das fünfminütige Schweigen in den drei Gebeten am Tag hatte etwas Mystisches und wurde für mich zum Inbegriff des Aushaltens alles Geheimnisvollen, das zum Menschsein und zum Leben gehört.

Von Jean und Hildegard Goss-Mayr lernte ich im Rahmen der Friedensbewegung der 1980er-Jahre, dass der erste Schritt der Analyse von Macht, Gewalt und

Ungerechtigkeit immer darin besteht, auf sich selbst zu schauen und die eigenen Fehler wahrzunehmen, die persönliche Verstrickung in die Verhältnisse von Ungerechtigkeit, den eigenen Anteil an Gewalt. Wenn ich mit dieser selbstkritischen Haltung in Konfliktgespräche gehe, dann heißt das: Wir sprechen auf Augenhöhe miteinander; ich bin nicht der Besserwisser. Dass ich auch im schlimmsten Feind einem Menschen begegne, der von Gott beseelt ist, der einen göttlichen Kern in sich trägt, das war eine unvergessliche Erkenntnis.

Ab Anfang der 1980er-Jahre nahm ich an ignatianischen Exerzitien teil. Durch das Erkennen meiner eigenen Grenzen wurde ich emotional ungemein aufgewühlt und durfte zugleich erfahren, dass ich auch in und mit meinen Fehlern von Gott geliebt bin und dass Gott aus allem etwas Gutes erwachsen lassen will. Das kontemplative schweigende Meditieren mit dem Herzensgebet praktiziere ich seither so regelmäßig wie möglich im Alltag. Elf Jahre arbeitete ich beim Internationalen Christlichen Friedensdienst „Eirene", wo wir morgens unsere Arbeit mit einer Meditation begannen. Meditation und Gebet waren mir als Kraftquelle wichtig, aber eine Frage blieb: Wie gehören Gebet und Engagement zusammen?

Bei einer Reise nach Indien erstaunte mich die Sicht des Jesuiten Sebastian Painadath, der in Kerala einen christlichen Ashram aufgebaut hat: Wenn Westler bei dem Dreischritt Sehen-Urteilen-Handeln das Sehen oft nur als Vorstufe für das Beurteilen und das alles entscheidende Handeln sehen, legt indische Spiritualität ihr Hauptaugenmerk auf das Sehen: aufmerksam sein, präsent sein, da sein, mit allen Sinnen das Leben spüren und mit dem Göttlichen in Verbindung stehen – das ist die Mitte.

Ich wurde auf Christian Herwartz aufmerksam, der in einem Artikel zu Straßenexerzitien geschrieben hatte, dass die Begleiter_innen der Straßenexerzitien häufig ihre Kraft aus kontemplativen Exerzitien bezögen, dass kontemplative Exerzitien aber auch die Gefahr beinhalteten, die eigenen spirituellen Erfahrungen zu privatisieren. Diese Spannung aus persönlicher Meditationserfahrung (mit der Gefahr der Privatisierung und Instrumentalisierung) und kritischem gesellschaftlichem Engagement (mit der Gefahr, politisch Andersdenkende als Feindbilder zu konstruieren) war es, die mich im Sommer 2014 zu zehntägigen Straßenexerzitien nach Ludwigshafen führte – diesmal nicht um wie sonst bei Exerzitien in einer Kapelle schweigend zu meditieren, sondern um in der Stadt an den Grenzen der Gesellschaft offen Aufmerksamkeit zu schenken, einfach da zu sein, Begegnungen zuzulassen, auf die ich mich sonst nicht einlassen würde, und in ihnen Gottes Gegenwart zu spüren: auf Parkbänken bei Menschen, die auf der Straße leben, bei bettelnden Menschen, in Hinterhofmoscheen bei muslimischen Mitbürger_innen ... Die zehn Tage waren eine umwerfende Erfahrung für mich.

Achtsamer Umgang, Aufmerksamkeit schenken, ohne Zweckorientierung an den Rändern unserer Gesellschaft einfach da sein – all das bringt Engagement und Gebet zusammen. In meiner Kirchengemeinde in Neuwied haben wir eine „KaffeeTafel“ eingerichtet als Ergänzung zur Neuwieder Tafel: Menschen, die mit Bezugsberechtigungsschein in Supermärkten übrig gebliebene Nahrungsmittel erhalten, trinken gemeinsam mit

Gemeindemitgliedern Kaffee, tauschen sich aus, unterhalten sich. Bei der „KaffeeTafel“ sind wir nicht Geber auf der einen und Empfänger auf der anderen Seite. Wir teilen unser Menschsein. So wie bei der Gemeinschaft Sant'Egidio, der ich mich verbunden fühle, gestalten Christen auch in Neuwied den Heiligen Abend mit ausgegrenzten Menschen und Menschen, die Weihnachten nicht alleine feiern wollen. Im letzten Jahr war ich erstmals dabei. Ich habe die weihnachtliche Stimmung in einer bunt gemischten Gruppe von Jung und Alt, von Menschen unterschiedlichster Schicht und Nationalität, christlich, offen und nicht religiös, nicht sesshaft und bürgerlich genossen. Das Zusammensein selbst wird zum Gebet. An meinem Arbeitsplatz, der Katholischen Hochschule in Köln, begleite ich Studierende bei (kurzzeitigen) Erfahrungen mit Straßenexerzitien. Schon vor Jahren hat mein Kollege Joachim Windolph Straßenexerzitien als Angebot für Studierende eingeführt und ich spüre, wie wichtig die Erfahrungen für Studierende der Sozialen Arbeit sind, vor allem professionellen Tun einfach da zu sein, auf Augenhöhe dem Gegenüber zu begegnen – ganz im Sinne des indischen Grußes „Namaste“: Das Göttliche in mir grüßt das Göttliche in dir.

Alles hat einen Anfang: Die Entstehung der Straßenexerzitien

In Hamburg wurden Anfang Mai 2000 die Teilnehmer_innen eines Treffens von Exerzitienbegleiter_innen mit der 3500 Jahre alten Erzählung vom brennenden, aber nicht *ver*brennenden Dornbusch für einige Stunden auf die Straße geschickt. Diese Geschichte sollte ihnen eine Hilfe sein, in überraschenden Situationen ähnlich wie Mose (Exodus 3,2f) neugierig zu werden und sich ihrem Dornbusch respektvoll zu nähern. Am Abend erzählten sie in kleinen Runden, wie sie sich auf diese Begegnung an sehr unterschiedlichen Orten einlassen konnten. Sie führten uns Zuhörende vor ein Gefängnis, ein Flüchtlingsschiff und auf eine Bahnhofstreppe, wo jemand zusammen mit obdachlosen Menschen ein Bier trank. Der Teilnehmer Hans S. erzählte Jahre später von diesen Stunden:

„(...) In Hamburg hatte ich einen Tag mit wirklich überraschenden Erlebnissen und Begegnungen. Ich will hier und jetzt nur von der letzten und beeindruckenden Begegnung berichten: Gegen Ende des Tages verspürte ich einen großen Hunger und Sehnsucht nach der ersten Maisonne vor dem Bahnhof. Mit einem Döner und einer Dose Bier gewappnet, suchte ich draußen einen Sitzplatz an der Sonne. (...) Ich aß meinen Döner und trank genüsslich mein Bier. Da löste sich plötzlich aus der Gruppe der ‚Penner und Säufer‘ gegenüber ein noch junger Mann, kam zu mir und fragte: ‚Darf ich mich dazusetzen?‘ – ‚Ja natürlich, bitte!‘ Und dann erzählte mir Dieter, wie er sich mir vorstellte, unvermittelt und ohne weitere Umstände sein Leben: Wie er vor Jahren aus der sogenannten bürgerlichen Welt ausgestiegen sei, fast die ganze Welt bereist habe – über Afrika und Indien bis ins Hochgebirge in Tibet! Irgendwann sei er dann ans Rauschgift gekommen und süchtig und abhängig geworden und habe sich mit Aids infiziert. Seit fast zehn Jahren habe er keinen Kontakt mehr zu seiner Familie, die ihn sozusagen für tot erklärt habe.

Vor einigen Tagen habe er von den Ärzten die Nachricht erhalten, dass er höchstens noch drei Monate zu leben habe. Und dann kam er zum Kern seines Anliegens: ‚Schau', sagte er und wies auf die Gruppe, aus der er herausgetreten war, ‚das sind meine einzigen Freunde, die ich noch auf der Welt habe. Und das ist gut so, dass ich wenigstens sie habe. Aber: Wenn ich in einigen Wochen tot bin, dann wissen auch diese Kumpels nach drei, vier Tagen nicht mehr, dass es mich je gegeben hat. Kein Mensch auf der Welt denkt dann noch an mich! Ich habe doch auch hier auf dieser Erde gelebt. Es muss doch wenigstens einen geben, der um mich weiß, mit meinen Lebensträumen und Hoffnungen. Ich bin doch ein *Mensch!*'

Schwer atmend zeigt er mir dann seinen spindeldürren Arm mit vielen silbernen Armreifen und fuhr fort: ‚Wenn ich dir einen dieser Reifen gebe, versprichst du mir, ihn in Erinnerung an mich zu tragen? Ihn eben nicht nur mit in deine andere Welt mitzunehmen, in die Nachttischlade zu legen und vielleicht zufällig einmal im Jahr eine Erinnerung an diesen Tag und einen der Penner in Hamburg zu haben?'

Nun war ich derjenige, der mit großem Herzklopfen und schwer atmend neben diesem Menschen mit seiner riesigen Bedrängnis saß! In solch einer mir bisher nie begegneten Not konnte ich doch um Himmels willen nicht Nein sagen! Aber, so ging es mir rasend schnell durch den Kopf: Was werden meine Gemeindemitglieder denken, wenn ich als Priester auf einmal mit einem solchen Armreif auftauche, der ja nicht zu übersehen ist, den man auch am Altar und bei Spendung anderer Sakramente sieht? In diese Denkpause hinein fragte der Mann: ‚Was überlegst du so lange?' Willst du nicht? Ich erzählte ihm, wer ich sei und welche Fragen mir durch den Kopf gingen, und bat ihn, mir noch einen Augenblick Zeit zu lassen. ‚Denn', so sagte ‚ich, ich möchte dich nicht belügen. Wenn ich Ja sage, dann soll es auch ein wirkliches Ja sein, auf das du dich verlassen kannst'. Und dann nach einer längeren Denkpause sagte ich: ‚Ja!'

Geradezu andächtig löste Dieter einen seiner Armreife und befestigte ihn an meinem rechten Arm – und hier ist er immer noch. Spontan nahm mich dann der mir eben noch völlig unbekannte Mensch aus einer mir fremden und völlig anderen Welt in seine Arme, drückte mich, so fest er todkrank konnte, und sagte: ‚Jetzt habe ich wieder einen Bruder!'

Beide tief bewegt hielten wir uns eine gute Zeit so umarmt. Wieder nebeneinander sitzend fragte ich dann diesen Bruder Dieter: ‚Wie bist du eigentlich darauf gekommen, gerade mich anzusprechen?'

Seine Antwort: ‚Du bist seit Langem der Erste aus der anderen Welt, der uns Penner mit guten Augen angesehen hat.'

Der Schreck fuhr mir in die Glieder: Welch ein Glück für mich und diesen Menschen, dass wir so gut geistlich vorbereitet in diesen Tag gegangen waren! Nicht auszudenken, wenn ich an diesem Tag ‚schlechte' Augen gehabt hätte – wie an so vielen anderen Tagen des Jahres."

Wir haben Hans gefragt, wie seine ersten Straßenexerzitien im Jahr 2000 heute, fünfzehn Jahre später, nachwirken. Er schreibt:

„Zu Ostern 2000 war ich in einem Gottesdienst, in dem der Prediger fragte: Können wir heute noch dem Auferstandenen mitten im Leben begegnen? Kurze Zeit danach war ich in Hamburg beim oben genannten Treffen der Exerzitienbegleiter_innen. Unser Thema war: Wie können wir Tage der Besinnung so gestalten, dass die Teilnehmenden nicht nach kurzer Zeit erleben müssen: Es waren erholsame Tage, aber was mache ich im Alltag meines Lebens damit, ohne gleich wieder ‚abzustürzen'? Und dann kam das Angebot für mich: Wir suchen einmal einen Tag lang den Auferstandenen am Hamburger Hauptbahnhof. Und ich habe dabei wahrhaftig den Auferstandenen in ‚Galiläa' erlebt; denn die Engel hatten den Frauen am leeren Grab verheißen: Geht nach Galiläa, eurer Heimat, eurem Zuhause, *dort* werdet ihr ihn finden!

Seit diesem Tag in Hamburg habe ich kein einziges Mal den Armreif, den mir Dieter damals angelegt hat, abgenommen. Im Gegenteil: Straßenexerzitien in Berlin kurz darauf haben mich intensiv darin bestärkt, diese Brüder und Schwestern der Straße nie mehr aus den Augen zu verlieren. Wieder in Münster, bin ich ins Ostviertel von Münster umgezogen und habe intensiveren Kontakt aufgenommen mit einer Stiftung, die sich dort vor Ort intensiv und qualifiziert für diese Menschen einsetzt. Nicht nur, dass ich jährlich einen Weihnachtsgottesdienst mit Menschen, die auf der Straße leben, gestaltet und gehalten habe. Mein Hamburger Dieter hat mir seit dem Erlebnis in Hamburg auch alle Berührungsängste vor wohnungslosen Menschen auf der Ostseite des Bahnhofs in Münster genommen. Inzwischen habe ich eine Reihe von Freunden unter ihnen gewonnen. Mehrfach habe ich von Einzelnen gehört, was mir Dieter in Hamburg schon gesagt hat: Gut, dass es dich gibt! Du hast freundliche Augen.

Inzwischen bin ich in Rente. Mein pastoraler Einsatz beschränkt sich hauptsächlich auf die Kontaktaufnahme zu Menschen auf der Straße. Diese Entscheidung ist auch dadurch verstärkt worden, dass im Osten der Stadt große Gemeindefusionen durchgeführt wurden. Jetzt zählen zu dieser ‚Zentralgemeinde' rund zweiundzwanzigtausend Menschen. Ich habe den mitverantwortlichen pastoralen Mitarbeitern_innen angeboten, mich (eben im Kontext der Gemeindepastoral) persönlich, ‚face to face', um Menschen zu kümmern, die in unserer Gemeinde am Rande der Gesellschaft leben. Denn wer von ihnen hat bei dieser Größenordnung überhaupt noch Zeit (und den Mut), ihnen sein Gesicht zu zeigen? Nach einigen (nicht unerheblichen) Krankheitsschüben mit Operationen bin ich froh, im Rahmen meiner Kräfte und mit krankheitsbedingt eingeschränktem Zeitbudget diesen Dienst zu tun."

Erst acht Jahre später, beim Katholikentag in Osnabrück im Jahr 2008, luden Claudia K. und Christian H. wieder eine Gruppe ein, etwa eine Stunde auf die Straße zu gehen. Die Teilnehmer_innen blieben im Blickkontakt und wir versammelten uns zwischendurch unter einem Regenschutz. Wir sahen auf ein Floß. Darauf stand ein Mann und las einen Abschnitt aus der Bergpredigt Jesu (Matthäus 5–7). Als der Satz kam „Sorgt euch also nicht um morgen, denn der morgige Tag wird für sich selbst sorgen", hörte der Regen auf und wir gingen weiter bis zu dem kleinen Stadtgefängnis. Auf dem Vorplatz sangen wir zwei Lieder und zogen uns dann in eine kleine Seitenstraße zurück, um uns die Erlebnisse der letzten Stunde zu erzählen. Danach kehrten wir vor das Gefängnis zurück und sangen ein Lied zum Abschied. Erstaunt hörten wir anschließend von den Gefangenen aus ihren Zellen Beifall.

Die Erfahrungen mit diesem Tag waren so ermutigend, dass wir solche Angebote nun regelmäßig in geschützten Zeiten wie Kirchentagen oder während Tagungen wiederholten. Manchmal ist ein Tag Exerzitien auf der Straße ein erstes Modul für einen längeren Suchprozess. Sie werden dann zu Sehübungen. Wäre ein Ergebnis geplant, dann würde das offene Suchen dieser Übungen missbraucht. Sie werden belebt vom Hören auf die innere Sehnsucht oder vom schöpferischen Gegenüber, das unterschiedliche Namen hat.

Auch Menschen in kleinen Gruppen oder Einzelne machen mitten in ihrem Alltag gute Erfahrungen damit, sich innerlich führen zu lassen. Doch sollten jeweils genügend Begleiter_innen für den abschließenden Austausch bereit sein. Für die Übenden ist es notwendig, die mitgebrachten Gewohnheiten, Sichtweisen oder Vorurteile wahrzunehmen. Deshalb sind das Zuhören und die Resonanz der Begleitenden ein wichtiger und für beide Seiten bereichernder Dienst.

Oft genügen als Einstieg in eine kürzere Übungseinheit die Anweisungen Jesu, wie Lukas sie bei der Aussendung der 72 Jünger_innen berichtet (Lukas 10,3-4). Das Weglegen von Sicherheiten und fesselnden Gewohnheiten erhöht die Aufmerksamkeit auf dem Weg. Ja, dann können die Übenden auch an gut bekannten Orten Neues entdecken und sich mit diesen Hinweisen auseinandersetzen. Wenn sie sich darauf einlassen, finden sie Spuren zu den Orten und Themen, die für sie wichtig sind. In christlicher Sprache gesprochen: Sie finden Wegweiser, wo der auferstandene Christus ihnen begegnen will. In den Begegnungen mit ihm, die interessanterweise oft erst beim Erzählen als solche erkannt werden, klären sich entscheidende Lebensfragen.

Neben dem Exerzitientag in Hamburg war im Jahr 2000 ein zweites Ereignis ausschlaggebend für die Entstehung der Straßenexerzitien. Im selben Jahr fand in Berlin-Kreuzberg auch ein zehntägiger Exerzitienkurs statt. Acht Personen meldeten sich dazu an. Aus der Gruppe „Ordensleute gegen Ausgrenzung", die seit vielen Jahren regelmäßig Mahnwachen auf der Straße vor dem Abschiebegefängnis durchführen, fanden sich vier Begleiter_innen, die – jeweils eine Frau und ein Mann – die beiden Exerzitiengruppen abends begleiteten. Die St.-Michaels-Gemeinde in Berlin-Kreuzberg stellte die Kellerräume zur Verfügung, die im Winter als Notschlafstelle genutzt wurden. Teresa J. erzählt von diesem Exerzitienkurs:

„Wer in einem arabischen Land zum Tee eingeladen wird, steht von diesem Moment an unter dem Schutz des Gastrechts und darf sich zu Hause fühlen. So war das türkische Teeglas, das wir im Schlussgottesdienst unserer Exerzitien geschenkt bekamen, ein sprechendes Symbol für die Erfahrung der vorangegangenen acht Tage. Offen sein und warten, wohin ich eingeladen werde, dann der Einladung folgen und mich beschenken und herausfordern lassen und wieder weitergehen – so lässt sich der Weg dieser Tage beschreiben.

In den Gemeinderäumen der katholischen St.-Michaels-Gemeinde direkt am ehemaligen Mauerstreifen empfingen uns die Kleine Schwester Ulrike, Annette Westermann von der Gemeinschaft Charles de Foucauld und die Jesuiten Christian Herwartz und Stefan Taeubner. Sie gehören zu den ‚Ordensleuten gegen Ausgrenzung', einer Gruppe von Menschen aus verschiedenen religiösen Frauen- und Männergemeinschaften, die sich austauschen über die Praxis ihres Glaubens im Kontakt mit Menschen, die in unserer Gesellschaft ausgegrenzt werden. Alle drei Monate beten und meditieren sie vor den Mauern des Abschiebegefängnisses in Berlin-Köpenick. Sie hatten sich bereit erklärt, uns durch die Exerzitien zu begleiten, und sich gemeinsam darauf vorbereitet. In der Obdachlosenunterkunft der Gemeinde war ein Matratzenlager liebevoll für uns hergerichtet worden und auch sonst fühlten wir uns in den Gemeinderäumen mit Küche, Gruppenraum und sanitären Anlagen schnell wohl.

Nach dem ersten Tag, der dem Ankommen in der Gruppe, im Haus, im Stadtteil diente, spielte sich schnell ein Tagesrhythmus ein: Wir begannen mit gemeinsamem Morgenlob und Frühstück, danach gingen alle ihre eigenen Wege. Um 17 Uhr trafen wir uns dann zur Eucharistiefeier wieder, in die unsere Erfahrungen, Begegnungen und Gedanken des Tages einmündeten und die in ihrer sehr persönlichen und zugleich einfachen Gestaltung jedes Mal ein besonderes Geschenk für uns wurden. Das anschließende Abendessen bereiteten wir abwechselnd vor und fanden uns danach in zwei festen Kleingruppen zusammen, um die Erfahrungen des Tages auszutauschen, uns gegenseitig darin die Einladungen Gottes verstehen zu helfen und zum Weitergehen zu ermutigen. Eine solche Begleitung in Gruppen war für die meisten von uns neu, stellte sich aber als eine große Bereicherung und Hilfe heraus.

Was war nun – abgesehen von dem etwas ungewöhnlichen Ort – das Besondere dieser Exerzitien? Das Besondere liegt nicht neben oder hinter, sondern gerade in dem Ort, an dem sie stattfanden. Jede/r von uns entdeckte hier heilige Orte, Orte des Gebetes und der Meditation. Für die eine war das ein Platz, an dem sich Drogenabhängige trafen und die Matratze unter der Brücke daneben, die einem Obdachlosen als Schlafplatz diente. Für eine andere war es die Suppenküche, vor der sie sich in die Reihe der Wartenden stellte, um mit ihnen zu essen. Für den einen war es die Bauwagenkolonie, in der jugendliche Punker leben, für die andere die Abschiebehaftanstalt, in der Ausländer die Zeit bis zu ihrer Ausweisung aus unserem Land verbringen müssen, ohne zu verstehen warum. Für die eine waren es die mahnenden Orte deutscher Nazi-Vergangenheit, für wieder eine andere die Mauer, die Menschen und Welten trennte und vielfach noch trennt.

Die Meditation dieser Orte und Begegnungen verwandelte vor allem unsere Augen: Hässliche, abstoßende oder Angst einflößende Gestalten wurden unter diesem Blick zu Menschen mit Würde, die uns etwas zu sagen hatten von Gott. Immer wieder staunten wir, wie sich da Verbindungen zum Evangelium zeigten. Als beispielsweise ein angetrunkener Obdachloser zwei von uns einer dritten Person als seine Mutter und seine Schwester vorstellte, bekam das Tagesevangelium, in dem Jesus fragte, wer ihm Mutter, Schwester und Bruder sei, eine ungeahnte Aktualität. Die Betrachtung der Worte Jesu nach einer solchen Begegnung kann nicht aus abgehobenen Gedanken bestehen, sondern lässt mitten im konkreten Leben Ausschau halten nach den Menschen, in denen er mich als seine Schwester anschaut und anspricht. Ein zweites, ganz anderes Beispiel mag diese Einladung Gottes an solch einem heiligen Ort noch verdeutlichen. Betend vor den Mauern und Gittern eines Gefängnisses zu sitzen, wurde für mich zu einer schmerzhaften Herausforderung Gottes, meine eigene Ohnmacht und Begrenztheit anzuschauen. Zugleich schenkte er mir mitten darin die überraschende Begegnung mit einem Kind, die mir eine neue Sicht meiner Ohnmacht ermöglichte. So kann jede/r von uns Geschichten erzählen, wie wir in dieser Woche durch scheinbar äußere Erlebnisse auf einem inneren Weg mit Gott geführt wurden.

Ignatius erkannte verschiedene Exerzitienphasen auf dem Weg: das Fundament, die schmerzende Selbsterkenntnis, die Betrachtung des Lebensweges Jesu bis hin zu seinem Leiden und seiner Auferstehung und schließlich einer Betrachtung zur Erlangung der Liebe. In den begleitenden Gesprächen stellten wir immer wieder überrascht fest, wie sich diese Phasen auch ohne Planung und gezielte Impulse und mitten in einer doch recht unruhigen Umgebung wie von selbst einstellten. Als Ergänzung dazu, hinauszugehen und sich von den Menschen und Orten einladen zu lassen, war dabei die Vertiefung in einer stillen ‚Wiederholungsmeditation' wichtig, um das Erfahrene ‚innerlich zu verkosten'. Die in ihrer Schlichtheit sehr ansprechende St.-Michaels-Kirche und die Kapelle der Sießener Franziskanerinnen, zu denen wir jederzeit Zugang hatten, boten uns dazu willkommene Räume der Stille, für die wir sehr dankbar waren.

Einen weniger auffälligen, aber entscheidenden Anteil am Gelingen unserer Exerzitien hatten schließlich unsere Begleiter_innen, die sich – neben ihrer Alltagsarbeit – sehr intensiv auf die Prozesse der Einzelnen und der Gruppe einließen und uns an ihrer Spiritualität vom menschlichen Gott teilnehmen ließen. Als wir am Ende der gemeinsamen Zeit die ‚Schätze', die jede/r gefunden hatte, symbolisch in einer Schale sammelten, war diese bis zum Rand gefüllt und allen war klar, dass diese Form der Exerzitien Gott eine besondere Möglichkeit gibt, Menschen auf seinem Weg zu führen, und dass sie deshalb unbedingt wiederholt und auch anderen ermöglicht werden sollte."

Nach diesem Exerzitienkurs ermutigten die vier Begleiter_innen Christian Herwartz, im nächsten Jahr wieder Exerzitien an sozialen Brennpunkten auszuschreiben. Sie fanden 2001 in Berlin und Münster statt. In den nächsten Jahren riss die Kette der Einladungen zu solch besonderen Zeiten nicht ab und fanden in Deutschland, der Schweiz, Belgien, Österreich, Ungarn und Frankreich statt. Auch spezifische Gruppen kamen: Ehepaare, Männer, Frauen und Frauen liebende Frauen, Studierende, junge Erwachsene, ehemalige Strafgefangene, Obdachlose.

Mit besonderer Freude blickten wir im Sommer 2005 im Vorfeld des Weltjugendtages in Köln auf die Begleitung einer Gruppe junger Menschen aus Frankreich, Taiwan und Texas in Fulda entgegen. Wie konnten wir ihnen von dem brennenden, aber nicht verbrennenden Dornbusch erzählen, vor dem Mose stand, ohne dass wir ihre Sprachen verstanden? Wie konnten sie von ihren Erfahrungen berichten? Die Geschichte spielten wir vor einem besonders großen Dornbusch: dem Gefängnis vor Ort. Nach einer Zeit der Stille begann ein Fürbittegebet. Aus den Wortfetzen, die wir verstanden, wurde deutlich, dass sie die biblische Erzählung verstanden hatten. Im abendlichen Austausch bemerkten wir: Einige von ihnen empfanden es, als würden wir in Deutschland unsere Toten im Paradies begraben. Denn eine solche Blumenpracht wie auf den Friedhöfen konnte in ihren Augen nur paradiesisch sein. So feierten wir den ins Leben führenden Abschlussgottesdienst mit der Emmausgeschichte aus dem Lukasevangelium auf einem Friedhof. Die Gruppe mit einundzwanzig Teilnehmer_innen zog nach dieser Woche zum Weltjugendtag.

Was sind Straßenexerzitien?

Sich auf Exerzitien zu begeben, bedeutet zu „üben". Wir üben, aufmerksamer zu werden, unsere innere Sehnsucht zu bemerken und ihr zu folgen. Um auf die inneren Stimmen besser zu hören, werden solche Übungszeiten normalerweise in einem Kloster oder in einem Haus angeboten, das dafür besonders geeignet scheint, mit landschaftlich schöner Umgebung oder einem Meditationssaal. Bei den Exerzitien auf der Straße gehen wir raus, in die Stadt. Üblicherweise zehn Tage lang, jeden Morgen und jeden Nachmittag. Abends kommen wir wieder zusammen, feiern Gottesdienst und erzählen uns in kleinen Gruppen, was uns begegnet ist.

Wir wohnen nah der Straße, das heißt, vielleicht alle gemeinsam in zwei oder drei Räumen auf Matratzen, ganz einfach gehalten.

Wir üben, das Leben in Fülle zu suchen, den Lebendigen und die Lebendige, die tausend Namen hat, die wir Gott nennen. Wir üben, Ihr unser Herz zu öffnen.

Warum „üben"? Wir üben vielleicht weniger im Sinne von trainieren, sondern eher im Sinne von: immer wieder anfangen. Ich übe, ins Jetzt zu kommen. Ich werde langsamer und spüre Neues. Nach und nach entdecke ich eine Stille in mir und kann mein Inneres spüren. Im Lassen vom Tun und Arbeiten, vom Denken und Handeln finde ich zu einem Dialog in mir und bin im Gebet. Ich übe mehr ins Hören zu kommen. Wer will mir heute begegnen? Wo oder in wem will sich Gott, die Quelle des Lebens, mir heute zeigen?

Unverschämte Übungen – immer wieder: unverschämt Neues. Da, wo ich es vielleicht am wenigsten erwarte! Gott, die liebende Gegenwart, suchen im Jetzt, in allen Dingen, wie Ignatius, der Begründer des Jesuitenordens, sagt. Auch in jedem Menschen kann ich dieses Schöne, das Gott ist, finden. Unverschämt – vielleicht gerade in jenen Menschen, die ich sonst eher beiseiteschiebe, die am Rande leben, die an Brennpunkten des Lebens stehen. Menschen, die mir Vorübergehendem den Blick auf das Schöne, Gute, Erhabene, Heilige scheinbar verstellen oder mir Angst machen. Gerade an ihnen werden die Versehrtheit, die Brüchigkeit, die Armut, die Isolation und das Weggeschoben-Sein Gottes sichtbar, erfahrbar. Ja, Gott lässt sich abschieben – eine weitere Unverschämtheit der Exerzitien auf der Straße. Auch in mir hat er sich weg- und abschieben lassen. In den Übungen geht es lediglich darum, den Griff zu lockern, mit dem wir die Armseligkeit und Bedürftigkeit in uns beiseiteschieben. Wir nehmen die Grenzen in uns wahr, die wir ziehen, um uns von der Welt um uns abzuschotten. Den Rest tut Gott – versprochen.

Zum Schweigen

Auch in den Exerzitien auf der Straße ist es wichtig, ins Schweigen zu kommen, mitten im Zuhören und Sprechen. Die innere Haltung des Wahrnehmens wird gefördert, wenn ich im Zuhören bleiben kann und nicht besserwisserisch den anderen belehren will. Das Reden ist zu anderen Zeiten wichtig. Jetzt will ich nachspüren, was mir durch den anderen – vielleicht zwischen den Zeilen – gesagt werden soll. Da ist es gut, nicht in jedes Gespräch einzusteigen, sondern die fremd klingenden Informationen ohne Bewertung stehen zu lassen und sie wie Maria im Herzen zu bewahren (siehe Lukas 2,19). Ich komme in die Wahrnehmung und sehe, höre, rieche, schmecke, taste, fühle, spüre; ich nehme es zu mir. Es gehört zu mir, es zeigt mir etwas von der Wirklichkeit in mir und um mich herum. Ich sehe, was ich annehmen kann. Vielleicht ahnen wir, was Jesus meinte: Die Wahrheit macht euch frei.

Es ist notwendig, dass wir über das schweigen, das wir während der Tage im Vertrauen von den anderen Teilnehmer_innen hören, einschließlich der erzählten Erfahrungen in den Austauschrunden. Außerdem sollte bis zur abendlichen Austauschrunde über die Erfahrungen des Tages geschwiegen werden. Nehme ich mir Zeit, der eigenen Sehnsucht nach mehr Leben, mehr Tiefe auf die Spur zu kommen, mich auf das Leben selbst hin auszustrecken, zur Quelle, die wir Gott nennen? Dem will ich die Priorität geben während dieser Tage. So wie ich beim Fasten der Leere in meinem Magen und Darm eine Priorität gebe, so ist es gut, mich jetzt dieser inneren Leere, der Sehnsucht nach wahrhaftigem Leben und der Achtsamkeit anzuvertrauen. Einfach sein. Einfach sein ist Hingabe. Einfach auf die Straße gehen, einfach Essen kochen, miteinander einfach essen, einfache Gebete beten, einfach gehen, auf der Straße einfach sein.

Was bedeutet „Straße"?

Wenn ich auf die Straße gehe, lasse ich die Kontrolle weg, mit der ich bestimme, wer mir begegnen kann und wer nicht. Ich gehe in die Offenheit der Begegnung und lasse mich in diese Offenheit frei, soweit ich es vermag, begegne Überraschendem und schaue, ob dieses „Ungeborgene" mein Herz entzündet und mich in unvorstellbarer Weise beherbergen, mir Geborgenheit und Gottes Anwesenheit zeigen will. Ich stimme dem offenen Ausgang des Tages zu, gehe aus dem Gewohnten hinaus, sage ja dazu, dem Fremden, dem Unbekannten entgegenzugehen, will erproben, was geschieht, und schauen, was sich in mir ereignet. Ich werde achtsam auf die Resonanzen in mir und sage: Ja, ich will Gott suchen, will Gottes „Ich bin wie du" entdecken: in den Menschen, an den Orten, in den Begegnungen, die sich mir eröffnen.

Geh! Mache dich auf! – Das ist in der Bibel durchgehende Bitte und Aufforderung. Auch Jesus ging in die Wüste (Matthäus 4), stellte sich dem, was da auf ihn zukam ...

„Geht ohne Geld, ohne Tasche, ohne Schuhe und grüßt niemanden unterwegs“, sagt Jesus zu den 72 Jünger_innen, die er aussendet (Lukas 10). So sind wir eingeladen, auf die Straße zu gehen: wegzulassen, was uns bindet, loszulassen, was uns unnahbar macht, zuzulassen, was uns bedürftig macht, falsche Sicherheiten auszuziehen und den Frieden zu suchen.

Zum Tagesablauf

Die zehntägigen Exerzitien haben etwa folgende Struktur: Wir beginnen mit einem Abendessen am Freitag gegen 18 Uhr. Die Begleiter_innen haben gekocht. Beim Essen lernen wir oft schon mal unsere Gastgeber_innen kennen, die uns etwas zu der Kirchengemeinde und den Räumen, in denen wir untergebracht sind, erzählen. Die Gemeinde hat uns eingeladen. Die Exerzitien beginnen damit, diese Einladung zum Essen, zum Schlafen anzunehmen. Danach hören wir in der Vorstellungsrunde voneinander, was uns in diese Exerzitien gelockt hat, welches Thema obenaufliegt oder mit welcher Erwartung wir gekommen sind. Anschließend gibt eine_r der Begleiter_innen den ersten Impuls zum Ankommen und die eigene Sehnsucht wahrzunehmen. Mit diesen Anregungen im „Gepäck“ suchen sich alle ihren Platz zum Schlafen und werden still.

An jedem Morgen nach dem selbst zubereiteten Frühstück lädt jemand aus der Gruppe zu einem einfachen Morgengebet ein. Danach ist Freiraum für die Straße, unverplante Zeit für die Achtsamkeit. Meist um 17 Uhr kommen alle, die wollen, zum Gottesdienst zusammen, den die Begleiter_innen vorbereitet haben. Wir hören einen Bibeltext, tauschen uns darüber aus, entdecken immer neu, wie Jesus öffentlich auf der Straße lebt, ja, selbst zum Weg wird (Johannes 14,6), und teilen dann oft Brot und Wein. Wenn die Begleiter_innen in der Stadt einen besonderen Ort gefunden haben, wird auch dort einmal ein Gottesdienst gefeiert.

Nach dem Abendessen, das meist zwei aus der Gruppe zubereitet haben, treffen wir uns in Kleingruppen von maximal fünf Teilnehmer_innen, die je eine Frau und ein Mann zusammen begleiten. Diese Austauschrunden sind das einzig Verbindliche an diesen Übungstagen. Hier hören wir einander zu, finden Worte für das Erlebte und suchen darin das, was uns Heiliger Ort wurde, was uns herausrief aus der Isolation, der Trauer, der Wut oder der Teilnahmslosigkeit. Wir erzählen von unserem Umherirren und von den Begegnungen – und oft zeigt sich jetzt im Sprechen und im Zuhören der anderen, wo sich die Flamme des Engels gezeigt hat. Hier werden gerade durch das Nachfragen der Gruppe und der Begleiter_innen die Resonanz und die Bedeutung des Erlebten offenbar: Dort bin ich dem Heiligen begegnet, in diesem Hinweis, durch dieses Plakat, an jenem Ort, in diesem Menschen, diesem Gesicht – und hier habe ich „meine Schuhe ausgezogen", weil ich spürte: Gott spricht zu mir, dies ist jetzt ein heiliger Ort für mich.

Weitere Formen von Straßenexerzitien

Je nach den Umständen und Möglichkeiten ist es manchmal sinnvoll, nur eine Woche oder noch weniger für diese Exerzitien anzusetzen, wobei es gut ist, sich für die inneren Prozesse wirklich Zeit zu nehmen. Sogar Kurzexerzitien von einem Tag oder wenigen Stunden haben sich bei Einkehrtagen, Konventen oder auf Kirchentagen bewährt. Dabei ist der Rahmen nicht unwichtig, denn es braucht diese „innere Zuwendung", die Zeit und den Rahmen für die Seele, sich einzulassen und in die Achtsamkeit und Aufmerksamkeit für diese innere Leere einzutreten, die Bereitschaft, das „ganz Andere", den „ganz Anderen" zuzulassen. Wichtig in allen Formen ist es zu erzählen, was ich gesehen habe, die eigenen Resonanzen zu spüren und zu benennen, so gut es möglich ist, und gut hinzuhören. Dafür braucht es ein bis zwei Begleiter_innen pro zehn bis zwölf Menschen.

Im Lauf der Jahre haben sich – meist aus konkreten Anfragen – auch Angebote von Straßenexerzitien für spezifische Gruppen entwickelt: für Frauen, für Männer, für Paare, für frauenliebende Frauen, für Jugendliche, für Studierende. Eshat sich gezeigt, dass manchmal Themen in einer zumindest unter diesem einen Aspekt homogenen Gruppe leichter an die Oberfläche kommen können. Dies bleibt ein Experimentierfeld, auf dem wir mit großer Offenheit immer wieder Schritte tun.

Teil B
Spirituelle Erfahrungen mit Straßenexerzitien

Einstieg in die Straßenexerzitien
Die eigene Sehnsucht entdecken: mit Mose aufbrechen

Alltagstrott, Routine, Anforderungen, deren Maß nicht stimmt. Gefühle, die kommen und gehen. Lust, die aufflammt oder versiegt. Beziehungen, die beglücken, belasten, langweilen. Gedanken, die im Kreis laufen, immer schneller werden, nichts verändern. Glück, das verrinnt und nach immer mehr verlangt. Konsum, der das Glück nicht bringt, das er verheißt.
Wach werden. Durch einen plötzlichen Gedanken: Das ist alles? Durch eine Krankheit: Alles wird plötzlich gestoppt. Durch eine wachsende Erschöpfung: Worauf läuft das hinaus? Durch eine Sehnsucht: Ich möchte mehr!

Mose: ein Babyklappenkind, ein Mörder, ein Flüchtling, einer, der eine tiefe Sehnsucht nach Gerechtigkeit in sich trägt und innig verbunden mit seinem Volk in der Fremde lebt. Vielleicht war er in einer Sinnkrise, fühlte: Das kann es nicht gewesen sein mit mir und meinem Leben, als Geduldeter, der Ziegen und Schafe hütet, fremd ist und entwurzelt. Er nannte seinen Sohn Gershom, das heißt auf Deutsch: Gast in fremdem Land. Oder wollte er einfach mehr für sein Leben? Trieb ihn seine Sehnsucht nach mehr „über die Steppe hinaus", zum Gottesberg Horeb? (Vgl. Exodus 2,22 und 3,1)

Am ersten Tag der Straßenexerzitien sind alle eingeladen, nichts mehr zu machen, gut zu sich selbst zu sein, sich umzuschauen. Jetzt ist Gelegenheit zu spüren, was mir selbst (noch) verborgen ist. Der Impuls für diesen Tag ist: „Was treibt dich? Was macht dich regelmäßig wütend, traurig oder lässt dich erstarren? Was lässt in dir ein Gefühl von Ohnmacht, Wut, Starre oder Bedrängnis aufkommen?" Die Frage sucht nach Momenten, durch die in mir etwas angerührt wird, das mir zutiefst widerspricht. Etwas, das ich durch nichts relativieren kann. Dieser Frage gehen die Teilnehmenden während der ersten zwei Tage nach.

Bei Mose sieht es so aus (Exodus 3): *Er bricht eines Tages auf, geht seine Ziegen hüten, wie jeden Tag. Doch dann lässt sich diese reißende Sehnsucht in ihm nicht mehr bezähmen und er läuft weiter – „durch die Wüste hindurch", in der eigentlich der Tod auf ihn und seine Tiere warten müsste. Doch er läuft auf den Gottesberg Horeb zu – er sucht Gott. Er läuft als Hoffender, als Betender, als Suchender, von Herzen Suchender. Und vielleicht können wir sagen: als ein von Gott Gezogener.*

Mit diesen Worten und Gedanken gehen wir auf die Straße. Wir brechen auf mit einer Frage, die uns ganz persönlich meint. Wir brechen auf aus einer je ganz persönlich empfundenen Bedrängnis oder Leere heraus. Voller Sehnsucht nach dem Mehr, nach Lösung, nach

Heilung und Beziehung, nach Rückbindung – oder was immer wir uns durch diesen Aufbruch wünschen.

Am Abend, nach unserer Rückkehr, wird in der Gruppe gemeinsam nach dieser hoffenden Sehnsucht hinter dem Ärger, hinter der Traurigkeit oder der Erstarrung gelauscht. Was suchst du? Wie hättest du es gerne? Was sollte anders sein, wenn es nach dir ginge? So, wie die negativen Gefühle von jeder Person ganz subjektiv empfunden werden, so ist auch die dahinterliegende Sehnsucht eine ganz persönlich ureigene. Genau darin zeigt sich Gottes Sprache in uns: Wir vertrauen auf den lebendigen Geist in uns, der das Leben will, der die Liebe ist, und suchen in der Sehnsucht Seinen Namen. Denn diese Sehnsucht hat sich niemand selbst gewählt. Ich finde sie in mir vor – sie verleiht mir Würde. Wie kommt sie dorthin? Wer hat sie mir eingepflanzt? Wie kann ich mit dieser Sehnsucht in Kontakt treten, wie sie in mir ansprechen?

Mein Gottesname

Ich suche die persönliche Anrede Gottes, die ganz aus mir kommt, die heute gilt, mit der ich heute ins Gebet komme – in meinem Leben, meinem Heilwerden. Wie finde ich diese persönliche Anrede Gottes, meinen Gottesnamen? Meine Namen: Ich werde angesprochen, ich habe einen Namen. Neben dem biografischen Namen kennen viele von uns Spitznamen, Kosenamen, Zweitnamen, Schimpfwort-Namen, Funktionsnamen, Passwortnamen und weitere mehr. Jeder Name ist anders gefüllt und ruft andere Assoziationen hervor: Der

Kosename ist gefüllt mit Wärme, mit dem Passwortnamen verbindet sich die Hoffnung auf Anonymität, der Spitzname erinnert oft an eine lustige Begebenheit. Ich bin „mein Name“ und bin doch mehr: meine vielschichtige Ganzheit. Ich weiß mich ganz gemeint, wenn ich mit meinem Namen, aber auch wenn ich mit meinem Spitznamen oder Kosenamen angesprochen werde.

Und umgekehrt wähle ich eine Anrede, um einen Menschen anzusprechen. Im Benennen des anderen drücke ich etwas aus von meiner Sicht, formuliere ich etwas von *meiner* Wahrnehmung. Im Ansprechen des anderen wird deshalb auch immer etwas über mich selbst und meine Beziehung zu ihm oder ihr sichtbar.

Für „Gott“ gibt es in den einzelnen Religionen viele Namen:

- Im Judentum entdecken wir Umschreibungen, die sich an das Gebot halten, sich kein Bild von Gott zu machen. Sie wahren die Distanz, die Ehrfurcht und das Anderssein Gottes: Herr der Heerscharen (Gott Zebaoth), Adonai, der Ewige, die Weisheit, der Erbarmer, der Heilige, die Quelle des Lebens.
- Im Koran stehen die neunundneunzig schönsten Namen Gottes. Der hundertste Name ist eine Leerstelle und von jedem einzelnen Menschen mit seiner Anrede für Gott zu füllen.
- Auch im Christentum rufen die Menschen Gott mit unterschiedlichsten Namen an, etwa in der Namen-Gottes-Litanei, einem moderneren Wechselgebet. Die häufigsten Namen für Gott lauten: Vater, Sohn und Heiliger Geist, Herr, Jesus – mit ihnen beginnen viele Gebete der Christen. Jesus selbst benannte sich mit

Ich-bin-Worten: das Licht, das Brot, der Wein, das ewige Leben, die Wahrheit, der Weg.

- Im Hinduismus wird der eine Gott in der „Trimurti" als drei Gottheiten mit drei Wirkungen beschrieben: Brahma als Schöpfer, Schiva als Zerstörer und Wischnu als Erhalter.

Wir gehen auf die Straße mit dem, was uns unmittelbar verärgert, traurig macht oder erstarren lässt. Wir entdecken dahinter unsere Sehnsucht und benennen sie als ein Streben, das wir in uns vorfinden. Glaubend deuten wir dies als etwas, das Gott in uns gelegt hat, als Teil von sich selbst. Indem wir die Sehnsucht in uns erkennen, erkennen wir etwas von Gott in uns – und so sprechen wir ihn an. Die Gruppe hilft beim Suchen nach meinem heutigen Gottesnamen. Aus der Sehnsucht danach, angesehen zu werden, könnte werden: „Gott, der du mich anschaust". Aus der Sehnsucht nach einem Gegenüber könnte „Du!" werden. So verbindet sich mein tiefstes Empfinden mit diesem ganz anderen.

Dieses Ansprechen Gottes in der Schwingung unserer Sehnsucht und Bedürftigkeit bleibt nicht ohne Resonanz. Im eigenen Inneren und in den Begegnungen mit den Menschen auf der Straße gerät etwas in mir in Bewegung. So üben wir auf der Straße, diese Stimme, die uns an unsere heiligen Orte führen will, in uns wahrzunehmen – achtsam, langsam, hörend, lauschend. Der Name füllt sich mehr und mehr und ist der hundertste Name Gottes geworden: *mein* Name für ihn, für sie, für das, was lebendig wird zwischen uns. Die Sehnsucht wird so als innerer Ort meiner Verbundenheit mit Gott wahrgenommen. Im Nennen des gefundenen Gottesnamens trete ich in Beziehung zu meinem Gott.

Geht ohne Geld!

„Geht ohne Geld, ohne Tasche, ohne Schuhe und grüßt niemanden unterwegs“, sagt Jesus zu den 72 Jünger_innen, die er aussendet (Lukas 10). So sind wir eingeladen, auf die Straße zu gehen: wegzulassen, was uns bindet, loszulassen, was uns unnahbar macht, uns dessen gewahr zu werden, was uns bedürftig macht, falsche Sicherheiten auszuziehen und den Frieden zu bringen, zu suchen. Wie kann ich in diese Achtsamkeit kommen, wie kann ich üben, bedürftig zu sein bzw. es zuzulassen? Was heißt das *heute* für mich: ohne Geld und ohne Schuhe gehen?

Michael Herwartz

Nicht mehr weiter so

Als ich das erste Mal von Straßenexerzitien hörte, fühlte ich mich wenig angesprochen. Exerzitien? Das ist doch etwas für Ordensleute, Priester. Bin ich nicht. Auf der anderen Seite: Ich hatte immer etwas gegen die Unterteilung in Priester und Laien. Jeder hat doch die Gabe, Gott zu erkennen, zu begegnen (oder doch einen Teil). Wieso sollten dann Exerzitien exklusiv sein? Sie zu machen, hieße ja auch, im Glauben erwachsen zu sein, auf eine andere Augenhöhe zu kommen.

Aber ich merkte: Da war auch eine Angst vor ihnen. Könnte es sein, dass ich danach alles ändern müsste? Wie könnte sich das auswirken, wenn ich Gott zuhöre?

Geht danach ein „weiter so“? Genau diese Angst war es, die mich überzeugte, dass es an der Zeit ist. Wenn ich „weiter so“ mache, weil ich mich nicht traue zu hinterfragen, dann stimmt doch etwas nicht. Die Exerzitien auf der Straße erschienen mir logisch. Gott ist überall. Er begegnet uns. Überall ist das möglich. Warum sollte ich mich in ein Kloster oder in ein Exerzitienhaus zurückziehen? Und dann habe ich mich angemeldet.

Simone Roeder

Den Menschen am Rande und der eigenen Einsamkeit und Menschlichkeit näherkommen

Eingerahmt vom gemeinsamen Gebet am Morgen und am Abend und den allabendlichen Austauschrunden zogen wir tagsüber allein durch die Stadt Rostock. Die Aufgabe, mit der wir loszogen, lautete: „Werde still, werde langsam, lausche deiner Sehnsucht und lass dich von ihr an Orte und hin zu Menschen führen, die dich anziehen oder die du sonst eher meidest, vielleicht begegnest du Gott dort, wo du ihn am wenigsten erwartest.“

Unsere Erfahrungen als Gruppe waren sehr unterschiedlich. Für mich als absolutes Landei war es ungewohnt, in einer mir völlig unbekannten Stadt zu sein. Mit viel Zeit und ohne bestimmte Pläne fielen mir schnell die Menschen auf, denen es ähnlich erging. Diejenigen, die auf Bänken saßen, weil sie nichts anderes zu tun hatten oder alt waren und langsamer tickten als die anderen oder die bettelten oder krank waren. Und mir fielen die auf, die nicht „reibungslos funktionieren“, nämlich die Rollifahrer_innen, die Menschen mit Behinderungen, auch die Traurigen, die „Verrückten“, ich sah geschlagene Frauen mit blauen Flecken im Gesicht, Flaschensammler_innen und Gruppen von Punks. Auch bei den „ganz normal“ wirkenden Menschen sah ich viel Leid, Überanstrengung, Angst, Wut.

Ich sah nicht, schnell registrierend, über all das weg. Ich sah hin. Verweilte in den Wahrnehmungen. Und erstaunlicherweise kamen mir die Menschen innerlich näher, bis ich in ihnen meine eigene Einsamkeit, Leere und Angst erkannte und bis mir klar wurde, dass auch ich in manchem wirklich behindert bin, vielleicht an anderen Stellen, aber, ja, ich bin nicht weniger menschlich, unsicher und bedürftig in dieser Welt als sie. Und so wurde auch ich von manchen Leuten offenbar wahrgenommen und gerade mit einigen von den scheinbar Ärmsten gab es Momente von innigem Augenkontakt, ein Lächeln, ein respektvolles Nicken und eine kleine Freude. Das waren die Momente, in denen ich innerlich „die Schuhe auszog“ wie Mose vor dem brennenden Dornbusch. Diese Momente haben mich glücklich gemacht und den so fremden Menschen zum Bruder oder zur Schwester werden lassen, für diesen Augenblick. Und so sehe ich die Sehnsucht nach Gott für mich auch als eine Sehnsucht nach einer Welt, in der Menschen nicht übersehen oder einfach abgestempelt werden, sondern ihre ganz besonderen Gaben als wertvoll wahrgenommen werden, so wie ich es mir auch für mich selbst wünsche.

A.R.

Als ein Fremder Geschwister geschenkt bekommen

Nach einem Tag zum Ankommen mache ich mich in Hamburg auf die Suche nach dem Ort, den Gott mir zeigen möchte. Mit dem ersten Tag bin ich unzufrieden. Ich bin auf mich selbst reingefallen, ich habe versucht, ihn da zu finden, wo ich ihn schon immer zu finden dachte. Bisschen romantisch und vor allem vergebliche Liebesmühe.

Am nächsten Tag versuche ich es nach demselben Rezept konkreter: Ich habe in meiner Arbeit gelegentlich mit Flüchtlingen zu tun und nehme mir das Café „Exil" zum Ziel. Ich bin bereit, mich zwischendurch irritieren zu lassen, aber nichts passiert, außer dass ich im Café erst ankomme, als es schon schließt. Auch auf dem langen Heimweg nach Altona begegne ich niemandem, bei dem mein Herz ausschlägt und der mir einen Zugang zu sich erlaubt. Ich bin fremd. Ich will Fremden begegnen und bin selbst ein Fremder geworden.

Am dritten Tag suche ich weiter nach Begegnungen, in denen irgendetwas in mir aufbrechen könnte. Ich lasse mich auf ein paar Wortwechsel ein, aber es entwickelt sich nichts. Ich bin ratlos und spüre ziemlich viel Druck, dass doch endlich etwas passieren muss. Zum Glück fangen mich die abendlichen Gruppengespräche immer wieder auf, auch an diesem Abend. Nach dem Gruppengespräch gehe ich in die nahe Grünanlage und will in mein Tagebuch schreiben. Mein Lieblingsplatz ist besetzt. Zwei Kinder, ihre Mutter und ihr Hund sind auf dem Heimweg vom Elbstrand und legen eine Pause ein. Das Mädchen, vielleicht fünf Jahre alt, wird meine Retterin, indem es einfach fragt: „Willst du dich zu uns setzen?“ Ja, ich will. Ich setze mich, wir unterhalten uns, wir spielen Kronenkorkenverstecken, es wird dunkel. Eine ältere Frau kommt von ihrer Putzstelle und bietet uns von den Brötchen an, die sie hat mit nach Hause nehmen dürfen. Es wird ein kleines Abendmahl. Ich gehöre dazu. Und bin dankbar.

Die verbleibenden Tage werden eine unendliche Reihe geschenkter Begegnungen, teils stundenlang. Ein Knoten ist geplatzt: das Gefühl, nicht dazuzugehören, jedenfalls nicht „einfach so“, wandelt sich in das Gefühl, dazuzugehören, als Bruder unter vielen Geschwistern, die Gott mir schenkt. Das wird mein Gottesname: „Du, der mir so viele Geschwister geschenkt hat.“

Josef Freise

Tiefe Gespräche – nicht zielgerichtet

Morgens werden wir nach dem von einzelnen Gruppenmitgliedern reihum vorbereiteten Frühstück mit einem Morgengebet oder einem Impuls auf die Straße entlassen – wohin uns die Sehnsucht treibt. Mich zieht es in eine Ludwigshafener Hinterhofmoschee. Wie erkläre ich meinen Gesprächspartnern mein Kommen? Ich will ja einfach nur wahrnehmen, zuhören, auf Gottes Gegenwart horchen, des Gottes, der sagt: Ich bin der „Ich bin da“.

Die Begleiter_innen geben uns den Hinweis mit auf den Weg, bei Gesprächen – auch den „zufälligen" (eigentlich gibt es in Exerzitien und auch sonst keine Zufälle) – bei der Wahrheit zu bleiben und nicht etwa zu sagen: „Ich mache Urlaub."

Also versuche ich es bei dem älteren türkischstämmigen Hausmeister der Moschee: „Wir sind als Gruppe von dreizehn Christen für zehn Tage zusammen, weil wir unseren Glauben vertiefen wollen. Wir gehen auf die Straße, wir gehen zu Menschen und wir suchen Gott."

Bei seiner Antwort muss ich schmunzeln: „Jetzt sofort? Besser Termin machen!" Aber dann gibt es doch noch einen Tee und ein sehr schönes Gespräch im gebrochenen Pfälzer Deutsch. Und wir vereinbaren uns für das Freitagsgebet, zu dem ich dann einige Tage später mit zwei anderen Gruppenteilnehmerinnen sehr herzlich empfangen werde. Das sind meine ersten Erfahrungen: Ich führe Gespräche anders und tiefer als im (beruflichen) Alltag, wo sie fast immer zielgerichtet sind.

Der Busfahrer an der Haltestelle hat noch Zeit, bis er fahrplanmäßig abfährt, und er erzählt mir seine ganze Familiengeschichte: „Es war mir eine Freude, mit Ihnen zu sprechen", sagt er am Ende.

„Mir ebenfalls", kann ich nur antworten.

„Ich erlebe es normalerweise nur in Ausnahmefällen, dass ich mit fremden Menschen auf der Straße einfach so rede", sagt eine Gruppenteilnehmerin, und mir geht es genauso. Hier in den Exerzitien erleben wir es anders: Wir signalisieren Offenheit („Ich bin da") und unser Gegenüber nimmt es wahr.

Christoph Gerenkamp

Gott kannst du nur finden, wenn du bereit bist, dich selber zu suchen

Am Beginn unseres Exerzitienweges stehen zunächst die Fragen: Worüber ärgere ich mich? Was macht mich traurig? Welche Sehnsucht verbirgt sich dahinter? Gott, welchen Namen hast Du für mich? Mich anschließend ohne Geld und Vorratstasche auf den Weg zu machen, wie es in der Bibelstelle bei Lukas 10,1-11 heißt, bedeutet für mich, dass ich an meine eigenen Grenzen des Angewiesen-Seins auf andere Menschen stoße, mit meiner eigenen Bedürftigkeit konfrontiert bin und an die Orte meiner eigenen Unsicherheiten und Ängste geführt werde. So erkannte ich, dass es nicht um das Erzählen von interessanten Geschichten von Menschen in Wohnungsnot geht oder um den tollen Ordensbruder, sondern darum, herauszufinden, was meine Lebensthemen sind. Ich war und bin in den Exerzitien auf der Straße mit der Bereitschaft unterwegs, Begegnungen einfach auf mich zukommen zu lassen. Mal beschäftigte ich mich mit dem Aufbrechen der eigenen, inneren Grenzen und dann wieder ging es um den Weg der inneren Heilung und der Versöhnung mit mir selbst und mit Menschen aus meiner Lebensgeschichte. In der Begegnung mit Gott im brennenden Dornbusch wird Mose aufgefordert, seine Schuhe auszuziehen, weil er sich auf heiligem Boden befindet. Durch die Bereitschaft, die Schuhe des Verurteilens und Beurteilens auszuziehen, und das Portemonnaie und das Handy abzugeben, öffneten sich Türen der Gastfreundschaft. Ich muss nicht immer nur in der Rolle des Gebenden sein, sondern darf die Erfahrung machen, eingeladen zu sein. Die Frage in meinem Alltag ist, mit welchen Schuhen ich unterwegs bin. „Gott kannst du nur finden, wenn du bereit bist, dich selber zu suchen.“ Das sagte mir der Imam einer muslimischen Gemeinde, nachdem wir uns den Friedensgruß gegeben hatten.

Placida Nitsch

Ohne Schuhe

„Jesus sandte seine Jünger aus. Er sagte: Nehmt keine Vorratstasche mit, zieht keine Schuhe an, grüßt niemanden unterwegs.“ Also, sagte ich mir, heute gehe ich ohne Essen, Geld und Schuhe durch Berlin. Ich frage nicht nach dem Weg, denn dann würde ich ja vorher grüßen. Abends spürte ich meine Grenzen. Den ganzen Tag barfuß auf dem Asphalt durch Berlin, Geld für eine Fahrkarte hatte ich nicht mit, hungrig war ich auch. Ein Kind fragte mich: „Hast du keine Schuhe?“

Einsicht des Tages: Ohne Schuhe trete ich niemandem so leicht auf die Füße und gehe jeden Schritt ganz bewusst, aus Angst, in Glasscherben zu treten …

Norbert Nikolai

Wegweisende – mir in den Weg gestellt!

Carolin am Sendlinger Tor spricht von den Mädchensklavinnen in Pakistan und wirbt für die gute Sache der Entwicklungsorganisation „CARE". Sie ist gerade ein Jahr dabei und lässt sich berühren, auch wenn sie die Situation vor Ort nicht kennt.

Ich, der alte Hase in Sachen „Eine Welt", muss die Arroganz jahrelanger Erfahrung herunterschlucken, um ganz beim Entsetzen meiner Schwester Carolin zu bleiben – das war für mich ein erster Schritt auf die Straße, die hier bei mir längst kein Ende findet, sondern mich ins Weite führt.

Andal. Auf der Wittelsbacher Brücke kommt mir ein großer, ausgemergelter Mann entgegen. Eine Schirmmütze, ein Körper, der gerade erst unter der Brücke erwacht ist. Die Sonne reflektiert sich gerade noch in seinem Lächeln und dann schießt es in Strömen aus ihm heraus. „Das ist ein Ding, der Basti liegt im Koma, mit seinen zweiunddreißig Jahren. Seine Chica ist bei ihm im Krankenhaus. Hepatitis und die kaputte Leber. Gerade noch am Baldeplatz zusammengesessen und jetzt so was. Und die Eltern in ihrer Villa wissen nix." Ungefragt erzählt er mir, dem Fremden, und seine Tränen fließen. So abrupt wie die Begegnung begann, ist sie auch zu Ende und Andal geht weiter.

Ich, der professionelle Zuhörer, bin perplex. Da macht einer München zu seinem Wohnzimmer, alle Menschen zu seiner Familie und mich zum Ort seiner Trauer. Wie tief lass ich mich berühren, wenn ich zuhöre? Brennende Orte können nicht warten, sind hier, sind jetzt, unplanbar und so vergänglich.

Monika Sander

Im Lärm der Straße seine Stimme hören

„Lass dich nicht beirren!" – Dieser Gedanke kam auf, als ich in Berlin durch die Straßen lief und nach meinem brennenden Dornbusch suchte. Beirren wovon? Von dem Bewusstsein, dass Gott mich überall, wo mein Leben mich hinführt, begleitet. Das ist eine Ehre, eine Verpflichtung und eine große Freude. Eine Gnade, die mich ganz erfüllt, wie ich von den Märtyrern lernte. Und wo wird es mir warm im Herzen? Wenn ich andere Menschen treffe, die mir von ihrem täglichen Leben erzählen, von ihren Sorgen und ihrer Freude. Wenn ich daran teilnehme, sie begleite. Einfach da bin und zuhöre.

Aus dem festen Bau der Kirche heraus wage ich mich auf das Wasser des täglichen Lebens und fürchte mich nicht. Ich werde schon, wenn auch nach vielen Umwegen, in die richtige Richtung gehen, denn Gott ist geduldig. Im Lärm der Straße seine leise Stimme hören. Bei Aggressionen versuchen zu verstehen, woher sie kommen. Bei Stress mich erst an Ihn wenden und Abstand gewinnen, loslassen. Ich kann es wagen, mein Herz zu öffnen, denn ich bin in fester Hand. Und darf so sein, wie ich bin. Das gibt mir Sicherheit und weckt meine Aufmerksamkeit für das, was um mich herum geschieht. Durch die Exerzitien auf der Straße bin ich ein Legostein im großen Gebäude Gottes, klein, aber notwendig. Er schickt mich los – ich baue mit, wie ich mir das denke und wie ich kann mit meinen Gaben. So kommt unsere Art, Christ zu sein, unter die Menschen, da wo sie leben, nicht nur sonntags in der Kirche. Wir machen sie damit zu einer „flüssigen“ Kirche, die am täglichen Leben teilnimmt und uns von Gottes Liebe leben lässt ... Und ich brauche nicht vor meinem eigenen Mut zu zittern.

Im Anbruch

beginne den Tag
mit dem Gruß
der Müllmenschen
im Frühblick
aus dem Fenster

mandarinenfarbig
leuchten
ihre Kleider entgegen

du siehst

behände Handgriffe
an den Tonnen

mit dem
was weggeworfen wird
beginne den Tag

mit dem Gruß
zu ihnen hin
die es holen

und mit dem Dank

und mit einem
zögernden J a
zu
Deiner
Verwesung

bald
einst
wird

Verwandlung

und
einer Wegwarte
gleich

geheimnisvoll
frei
bedeutend
freiend
zartet
zittert
der Gottesname
im Du
in D i r

Markus Roentgen

Mitten in den Straßenexerzitien
Über die Grenzen gehen: das Feuer im Dornbusch entdecken

Mose geht über die Steppe hinaus ... Er läuft, völlig unprofessionell, mit den Tieren durch die Wüste. Plötzlich sieht er einen brennenden Dornbusch. Das ist in der Wüste vielleicht nichts Besonderes: Was ist das? Der Busch brennt und verbrennt doch nicht!? Seine ganze Aufmerksamkeit wird von diesem „Engel" angezogen. Was ist das?

Da hört er seinen Namen: Mose! Erschrecken. – Ich?! Wieso ich?! Am liebsten will er sich unsichtbar machen; ich hab doch bloß mal geguckt ...

Doch Gott spricht ihn aus der Feuerflamme weiter an und sagt: Ich habe die Not deines Volkes gehört, ich habe deine Not gesehen. Geh hin und befreie mein Volk aus der Hand der Unterdrücker.

Mose kann es nicht fassen. Ich?! Ich soll nach Ägypten gehen und dem Pharao mir nichts, dir nichts sagen, ich führ jetzt mein Volk aus der Versklavung heraus? Weißt du denn nicht, dass sie mich da suchen? Liest du keine Zeitung? Ich habe einen Menschen umgebracht. Das kann ich nicht.

Doch Gott redet ihm gut zu, verspricht ihm Unterstützung.

Was soll ich denn sagen, von wem soll ich ihnen das ausrichten, dass ich gesandt bin?

Gott sagt: Ich bin der „Ich bin da." Sag ihnen, der „Ich bin da" hat mich geschickt. Das ist mein Name (Exodus 3).

In dieser Erzählung wird uns der Wendepunkt der jüdisch-christlichen Heilsgeschichte vermittelt und sie ist die Herzgeschichte der Exerzitien auf der Straße. Hier beginnt ein Weg der Befreiung. Die persönliche Befreiung eines Menschen und dank ihrer Annahme die Befreiung eines ganzen Volkes. In den Exerzitien machen wir uns auf den Weg, gehen auf die Straße, um diesem Gott in der liebenden Feuerflamme zu begegnen.

Wir gehen hinaus auf die offene Straße, ziellos, aber mit meinem Befreiungsinteresse. Ich werde diesen oder jenen Ort aufsuchen ... anhalten ... schauen ... innehalten ... Was nehme ich jetzt, an diesem Ort wahr? Wo will Gott mich ansprechen? Ich bin mit meiner Sehnsucht unterwegs ... Was macht mich stutzig? Welche Ereignisse ziehen meine Aufmerksamkeit auf sich?

Ich suche Kontakt mit meiner tiefen Sehnsucht, finde meinen heutigen Gottesnamen und komme darüber ins Gebet. Was rührt mich an oder macht mich neugierig? Ich gehe dieser Neugierde nach – es geht hier um mich. Um meine Geschichte, mein Jetzt, mein Heilwerden. Oder bin ich ziellos, fühle mich leer, bin einfach nur müde und kalt ...? Dann lasse ich mich von der Absichtslosigkeit finden, spüre mein Gehen, nehme mich wahr.

Wo brennt es? Wo kommt mir Gottes brennende Gegenwart entgegen? Wie kann ich Menschen bitten, mir zu helfen? Wen frage ich? Um Gott zu finden, ist es gut, einfach in die Gesichter der Menschen zu schauen, die mir auf meinem Weg begegnen. Wer will mir Christus sein, mein Bruder, meine Schwester? Wo ist es unangenehm, stachelig, widerständig – wo will ich ausweichen? Wo spüre ich: Huh, hier bin ich persönlich gemeint!

Die Überraschung: Hier stehe ich auf heiligem Boden – hier soll mir etwas gesagt werden. Jetzt ziehe ich (innerlich oder ganz konkret) meine Schuhe aus. Da ist ein Moment, der hat noch keine Worte, nur Gegenwart; ich will jede Distanz loslassen: Es zieht mir die Schuhe aus. Hier geschieht Unerhörtes! „Ich bin da."

„Ich habe dein Leid gesehen, dein Klagen gehört." Ich höre, schaue, sehe, spüre, öffne meine Sinne und werde aufmerksam für die Stimme, die spricht. Ich selbst lasse zu, meine Not, meinen Schmerz, meine Ohnmachtsgefühle *wahr*-zu-nehmen.

Ich nehme sie zu mir und öffne mich neu der Gegenwart, lasse zu, dass Er meine Not sieht. Diesem liebenden Blick öffne ich mich und frage mich, ob ich Gott seine Liebe glaube – und schaue, ob sich ein Weg der Befreiung öffnet.

Mose fängt an, mit Gott zu diskutieren. Unglaublich, aber das darf ich auch. *Mose sagt: Ich will mich doch denen nicht ans Messer liefern! Ich bin nicht begabt dazu. Du überforderst mich, Gott! Doch Gott redet ihm gut zu, sagt ihm Unterstützung zu, auch durch seinen Bruder.* Ich darf einen Schritt ins Vertrauen finden: Ich brauche nicht alles selbst zu tun, ich finde Bruder oder Schwester. Denn es geht um die Befreiung aller! *Sorge dich nicht, hab Mut, Gott selbst ist mit dir (Exodus 3,11-22).*

Mit den Worten dieser Geschichte finden wir unsere Sprache für die Situationen, in denen wir auf Spuren des Heiligen stoßen und die wir zunächst vielleicht gar nicht begreifen. Wir finden Worte für unsere Empfindungen und Entdeckungen, auch für den Erfahrungsaustausch am Abend. Dort können wir manchmal nur beschreiben, wo wir stehen blieben und wie wir uns gefühlt haben. Durch das Zuhören und Nachfragen der anderen zeigt sich, was da geschah.

Welcher Gottesname hat mich heute geführt? Wo bin ich einem Dornbusch begegnet? Wie habe ich ihn gefunden? Welcher Anstoß half mir, welche Begegnung? Welcher Mensch hat mir den Weg gezeigt – obwohl er gar nicht eingeweiht war?

Welche Schuhe der Distanz zu dem mich zutiefst betreffenden Ereignis ziehe ich aus? Welche Schuhe haben welche Funktion? Wollen sie mich von der Wirklichkeit fernhalten? Wollen sie mir die Gegenwart verstellen? Verstellen sie mir den Weg in die Liebe, die Sicht aus Liebe auf den anderen, auf mich?

Am Ende dieser zweiten Etappe der Exerzitien auf der Straße folgen wir meistens dem Beispiel Jesu und feiern einen Gottesdienst mit Fußwaschung. Jesus weist uns an: Tut es ebenso, dient einander, so wie ich euch gedient habe.

In dem gegenseitigen Waschen der Füße erfahren wir Seine liebevolle Zuwendung, üben uns in der Bereitschaft einander zu dienen. In Kontakt mit dem eigenen und dem anderen Körper werden wir berührbar und berühren, öffnen wir die Seele für Verbundenheit, in der Salbung wird der heilige Boden in mir angesprochen. Das ist ein großes Geschenk, eine Gnade, die wir zunächst nicht fassen können, wenn wir mitten auf der Straße, mitten in der Verwundbarkeit unserer eigenen Existenz, mitten in der Öffnung unserer Seele anderen Menschen und Orten gegenüber in unserer eigenen Mitte Gott sprechen hören: „Ich bin da!" In dieser Einheit, die allein die Liebe schenkt, bist du geborgen, beschenkt und gesegnet. Schau, höre, sieh die Menschen: Ich bin da! In dir, in ihnen, in allem.

Matthias Rejnowski

In einem Iglu auf dem Tempelhofer Feld

Nachdem ich am ersten Tag zu Fuß durch halb Berlin gerannt bin, um möglichst viel zu sehen und tolle Erfahrungen zu machen, beschloss ich am zweiten Tag, es etwas ruhiger angehen zu lassen. Die Stadt war mir zu laut, es war zu viel Trubel. Von mehreren ignatianischen Schweigeexerzitien war ich es gewohnt, mehrere Tage in Stille zu verbringen. Um diese Stille zu finden, „flüchtete" ich mich auf das sogenannte Tempelhofer Feld, das Gelände des ehemaligen Flughafens. Mitten in der Woche am Vormittag bei Minusgraden und zehn Zentimeter Neuschnee dachte ich, dort könne ich ganz alleine und ungestört sein. Nach nur wenigen Minuten auf dem Feld hörte ich laute Kinderstimmen, sah aber niemanden. Ich näherte mich einer wilden Ansammlung von Holzkisten und allerlei anderem „Schrott". Im Sommer wahrscheinlich eines der vielen schönen alternativen Gartenprojekte. Mitten darin stand ein riesiges Iglu – in Form einer Katze. Als ich dort angekommen war, sah ich mehrere erwachsene Männer, äußerlich etwas verwahrlost. Einige bauten eifrig am Iglu, andere standen herum und unterhielten sich. Interessiert fragte ich, wie lange sie für dieses riesige Teil gebraucht hätten.

„Wenn du mithilfst, werden wir fertig, bevor alles wieder schmilzt", sagten sie.

Eigentlich bin ich gerade auf Exerzitien und eigentlich bin ich extra hierher gekommen, um meine Ruhe zu haben, dachte ich so bei mir. Aber andererseits waren es keine gewöhnlichen Exerzitien und ich sollte mich ja auf Menschen am Rande der Gesellschaft einlassen. Also setzte ich meinen Rucksack ab, zog meine Handschuhe aus und schleppte jede Menge Schnee an, damit das Iglu immer dicker wurde und möglichst lange halten konnte. Niemand fragte mich, wer ich sei und was ich hier mache. Es war auch völlig unwichtig. Wichtig war, dass ich half. Auf einmal hatte ich das Gefühl, diese Männer schon ewig zu kennen. Als wir eine Pause machten, wurde ich eingeladen, mit ins Iglu zu kommen. Ich staunte nicht schlecht als ich sah, dass Platz für vier Plastikstühle und einen kleinen Tisch im Innenraum war. Auf einem der Stühle nahm ich Platz. Ein Mann hatte eine Thermoskanne mit heißem Kaffee dabei. Jeder durfte einen Schluck aus dem Deckel der Kanne trinken. Ich packte mein Mandelhörnchen aus, das ich eigentlich für mich gekauft hatte, und teilte es unter uns auf. Die Augen der Männer glänzten. Als sie nach draußen krabbelten, um weiterzuarbeiten, blieb ich noch eine Weile alleine im Iglu. Ich holte meine kleine Bibel aus dem Rucksack und las nochmals die Stelle vom brennenden Dornbusch (Exodus 3). Hoffentlich kommt jetzt keiner rein und sieht mich hier so sitzen!, dachte ich. Es war definitiv zu kalt, um meine Winterschuhe auszuziehen, obwohl es sicherlich der richtige

Augenblick dafür gewesen wäre. Aber die Wärme des brennenden Dornbuschs habe ich ganz deutlich in meinem Herzen gespürt. Und das lag nicht nur am Kaffee.

Noch auf dem Weg zurück zur Unterkunft war mir nicht ganz klar, was ich eigentlich gerade erlebt hatte. Erst als ich die Geschichte abends in der Austauschrunde erzählte und die Reaktionen der anderen hörte, wurde mir nach und nach bewusst, dass ich heute Gott begegnet bin. Da, wo ich ihn wohl am wenigsten vermutet hatte: in einem Iglu auf dem Tempelhofer Feld in Berlin.

Bernadette Allgeier

Grauen: stark und bis heute präsent

Donnerstagmorgen der Straßenexerzitien, die gemeinsam in einer Gruppe am Sonntag zuvor begonnen hatten. Es war Ende Oktober, wir erlebten kalte, kurze Tage, gelegentlich Niederschlag. Draußen auf der Straße zu sein, erforderte Engagement und Fantasie, denn es war für mich nicht einfach, bei dem kalten Wetter in dieser großen Stadt den Tag über draußen zu gestalten. Tags zuvor war ich übermüdet gewesen und zu kaum einer Kraftanstrengung fähig. Aber heute, da stand etwas an, das spürte ich!

Ich fuhr knapp eine Stunde mit der S-Bahn zum KZ Sachsenhausen in Oranienburg, nördlich von Berlin. Es war nicht mein erster Besuch in einem KZ; in den zurückliegenden zwanzig Jahren war ich des Öfteren in einem und erlebte jedes Mal auf merkwürdige Weise eine Art Durchgang zu einem Ort, an dem jede nicht sprachliche, persönliche Gewalterfahrung einen Platz auf dieser Welt gefunden hat. Also, wenn man so will, war fast jeder Besuch auch eine Wohltat.

Feierliche Stille herrschte im Land Brandenburg, denn es war Reformationstag. Wildgänse zogen in der bekannten V-Formation hoch am Himmel gen Süden. Und dann erstreckte sich vor mir ein riesiges Areal, das so dicht an der großen Stadt Berlin lag. Langsam ging ich das Gelände ab, das meist grasbewachsen war. Nur in einem kleineren Bereich standen Gebäude wie die Wohnhütten und eine überdachte Gedenkstelle für die Ermordeten, mit einem Ruinenfeld. Daneben der Erschießungsplatz: Eine Art Zufahrtsweg war fast so tief wie eine Pkw-Garage abwärts in die Erde gegraben. Die Erdwände waren mit Eisenbahnholzbohlen verstärkt und befestigt. Dadurch ging von dem Ort ein moderiger Holzgeruch aus, ähnlich wie in den Baracken. Der ganze Bereich war offen, also nicht überdacht.

Direkt an der „Linie", wo die Erschießungen stattgefunden haben sollen, blieb ich stehen und in mir tauchte ein Bild, eher noch eine Erfahrung auf, die geradezu bizarr war: Dieses innere Bild stellte genau auf der „Linie" so etwas wie eine Hochsprungmatte dar. Allerdings bestand sie – zumindest im oberen Teil, auf den man beim Hochsprung fallen würde – aus rosa Daunenmatratzen und -decken. Es wäre demnach ganz einfach gewesen, sich mit einem leichten Schwupp in die wunderbar sauberen, weichen rosa Decken hineinfallen zu lassen. In meiner inneren Vorstellung habe ich genau das auch gemacht – und bin ganz weich und sanft gefallen. Es war im Grunde genommen wunderschön.

Dann öffnete ich die Augen und von irgendwoher kam eine etwas lärmende Gruppe und mir wurde das Grauen um mich her, der eklige Holzgeruch und der Ort so tief in der Erde voll bewusst. Mit diesen widersprüchlichen Eindrücken ging ich weiter. Weiter zur überdachten Stelle, wo der Getöteten gedacht werden kann. Anschließend lief ich noch einmal zurück zur Erschießungsstelle, um zu sehen, ob das innere Bild wieder aufstieg. Das tat es aber nicht. Es war ganz still: Grauen pur. Doch die jüngste Erinnerung war stark und präsent und ist es bis heute, sechs Jahre und sechs Wochen später.

Elke Plutz

Gott hüllt sich in Schweigen

Ich bin auf dem Weg und mache Straßenexerzitien in Berlin. Mit neun anderen Personen sitze ich beim Abendessen im Gemeindehaus von St. Michael, unserer Basis. Die Nacht ist unruhig. Ich frage mich, was mich erwarten wird. Am nächsten Morgen verlasse ich das Gemeindehaus. Ich weiß gar nicht, wo ich bin, und laufe erst einmal so lange, bis ich auf der anderen Straßenseite ein Hinweisschild entdecke: „Checkpoint Charlie“. Das wirkt wie ein Magnet auf mich. Genau da muss ich hin!

An der östlichen Galeriewand studiere ich die politischen Ereignisse am damaligen Grenzübergang. Ich sehe Bilder von Adenauer, Ulbricht, John F. Kennedy, Willy Brandt. Ich war noch ein Kind, aber ich erinnere mich genau. Meine Mutter war Flüchtling, kam in den Westen. Doch ihre Geschwister mit Familien blieben hinter der Mauer. 1963 wurde mein Onkel in seiner Mittagspause erschossen, hinterrücks. Angeblich wollte er fliehen. Meine Tante, die sich anschließend immer wieder kritisch über das Regime äußerte, durfte die DDR nie verlassen, auch als Rentnerin nicht. Den Fall der Mauer hat sie nicht mehr erlebt und ich habe sie nicht kennengelernt. Ich bin eine Betroffene.

Ich kreuze zur westlichen Wand. Die „Mauertoten" fangen an, mich zu interessieren. Das sind die Menschen, die sich nicht einsperren lassen wollten, die alles, auch ihr Leben, dafür riskiert haben, frei zu sein. Ich vertiefe mich in Peter Fechters Schicksal. Hier an dieser Stelle, am Checkpoint Charlie, ist er unter den Augen der Westmächte und anderer Zuschauer auf der Westseite beim Fluchtversuch elendiglich verblutet. Wegen der angespannten politischen Lage zwischen Ost und West hat niemand sich getraut zu helfen. Das ist kaum fassbar, ich bin empört. Wie grausam ist denn das?! Unmenschlich und feige! Aber hätte ich anders gehandelt? Resigniert stelle ich fest, dass auch ich wahrscheinlich weggeschaut hätte. Was tue ich heute gegen unmenschliche Zustände, Willkür oder Grausamkeit? Nichts. Ich hole meinen Notizblock hervor und schreibe meine Gedanken zu den Themen „Mauer", „Flucht" und „Freiheit" auf. Jeden Tag zieht es mich nun zum Checkpoint Charlie und von hier auf den Weg der Mauertoten. Einmal laufe ich sogar anderthalb Stunden bis zur Bernauer Straße. Dort gibt es eine Gedenkstätte, in der jeden Tag eine Andacht für einen der Mauertoten gehalten wird. Daran möchte ich teilnehmen.

Als ich eines Tages wieder einmal am Checkpoint Charlie vorbeilaufe, taucht wie aus dem Nichts bei mir die Frage auf, warum Peter Fechter dort verbluten musste, obwohl doch Jesus für uns gestorben ist und sein Blut bereits für uns vergossen hat. Ich stelle die Frage bei der abendlichen Austauschrunde in der Gruppe. Unser Betreuer, ein Pater, gibt mir den Rat, die Frage direkt an Gott zu richten.

„Aber wie soll Gott denn mit mir reden?“, frage ich.

„Nun, vielleicht träumst du etwas“, sagt er.

„Na klar“, sage ich ironisch. Trotzdem nehme ich mir vor, offen zu sein.

Am Morgen wache ich auf und habe den Gedanken „Lehrter Bahnhof“ im Kopf. Ich frage mich, was ich damit anfangen soll. Auf dem Stadtplan kann ich den Bahnhof nicht finden und erfahre, dass an dieser Stelle nun der Hauptbahnhof steht. Egal, ich laufe trotzdem hin. Aber an welcher Stelle dort soll ich Gott fragen? Dieser Bahnhof ist riesig und hat mehrere Etagen. Und weil er viele Geschäfte hat, mache ich zuerst einen Einkaufsbummel. Dann suche ich einen geeigneten Platz, um mit Gott zu reden. In der Nähe eines Blumenstandes, mitten im Getümmel, halte ich an. Ob dieser Platz geeignet ist, weiß ich nicht. Ich stelle meine Tüten ab und lege los, das heißt, ich frage Gott nach dem Warum. Nichts passiert. Gott hüllt sich in Schweigen. Wenn ich ehrlich bin, habe ich auch nichts anderes erwartet. Also mache ich mich auf zum Kanal und zum daran angrenzenden Invalidenfriedhof. Auch hier starben Menschen auf der Flucht, beim Versuch, den Kanal nach Westen zu durchschwimmen beziehungsweise die Mauer zu überwinden, die den Friedhof teilte. Von dort soll es einen Weg zur Bernauer Straße geben, wo ich noch einmal hin möchte. Ich schaue in den Kanal, versuche mir vorzustellen, wie es damals war. Das Wetter ist trübe und mich fröstelt. Auf dem Friedhof vertiefe ich mich in die Schautafeln, auf denen die missglückten Fluchtversuche beschrieben sind.

Den Weg zur Bernauer Straße kann ich aber nicht finden, stattdessen stehe ich vor einem Wohnblock. Sackgasse. Und auf einmal habe ich keine Lust mehr auf die ganzen Toten.

Ich atme tief durch und kehre um. Auf dem Weg zurück zum Bahnhof kommt mir immer wieder derselbe Vers aus Psalm 10 in den Sinn: „Be still and know that I am God." Auf Englisch, weil ich ihn in einer englischen Gemeinde gehört habe, als ein junger Mann tödlich verunglückt ist. Ich denke an Hiob, als Gott ihn fragt, wo er denn gewesen ist, als Er die Welt erschaffen hat. Ich nehme es als Antwort auf meine Frage nach dem Warum und sie lautet: Es geht mich nichts an, was Gott macht oder zulässt. Es gibt Dinge zwischen Himmel und Erde, die wir Menschen eben nicht verstehen. Kurz: Ich soll mich erst einmal um mich selbst kümmern. Ich kann es in diesem Moment akzeptieren.

Und dann bricht plötzlich die Sonne hervor und ich sehe den Bahnhof, der früher unter einem anderen Namen mit so viel Leid verbunden war, in goldenes Licht getaucht, das sich strahlend in den vielen Scheiben bricht. Ein überwältigender Anblick, ein Naturschauspiel! Ob das Gott war, der mir doch noch geantwortet hat? Ich weiß es nicht. Ich beschließe aber, die Toten ruhen zu lassen, wenn ich ein letztes Mal an der Stelle war, an der Peter Fechter verblutet ist. Doch als ich ankomme, ist dort ein Auto geparkt. Okay, ich habe verstanden.

Katharina Brandstetter

Schweigend klären sich Fragen

Ich stand nach einigen sehr turbulenten Tagen und einer langen Anreise vor einer beschmierten Haustür in der Naunynstraße und trat trotz meiner Vorfreude skeptisch ein. Das Gefühl, das ich beim kurzen Mitleben in der WG von Christian erleben durfte, übertraf dann alle meine Erwartungen. Ich fühlte mich lange nicht mehr so schnell an einem Ort so daheim.

Ich war mit einer ganz persönlichen Frage nach Berlin gekommen. Mich beschäftigte das Verhältnis zwischen meinem Papa und mir. Beide sind wir Theologen, beide innovativ und kreativ und stur und unfähig über das, was uns verletzt oder ärgert, zu sprechen. Christian half mir, aus meinen Gedanken heraus gleich am ersten Abend eine Frage zu formulieren. Diese Frage sollte mein Leitgedanke für die nächsten Tage auf den Straßen Berlins werden.

Am ersten Morgen der Exerzitien stand ich aufbruchbereit – und wieder skeptisch – bei der Haustür der Naunynstraße. Plötzlich war – wie aus dem Nichts – ein schon älterer Mann neben mir und fragte, ob wir nicht gemeinsam Zeit verbringen könnten ... Bernd und ich gingen dann stundenlang, meist schweigend, durch Berlin. Bernd wurde mir zum väterlichen Begleiter. Nach einigen Stunden des Umhergehens waren wir in der Straße angekommen, in der Bernds Tochter wohnte. Er fragte, ob ich nicht Lust hätte, sie zu besuchen. Bernd wusste von meinem persönlichen Leitgedanken nichts, er wusste bis dahin auch nicht, dass ich Straßenexerzitien machte ... Beim gemeinsamen Tee erlebte ich genau diese Vater-Tochter-Situation, die ich mir zur Frage für den Tag gemacht hatte. Bernd klärte meist schweigend und ohne es zu Wissen ganz viele meiner Fragen.

Ich habe diese Tage so sehr genossen – das Wohnen in der WG mit Menschen, die mir scheinbar selbstverständlich das Gefühl einer tiefen Vertrautheit gaben und mein aufmerksames Ziehen durch die Straßen einer fremden Stadt – ohne Angst und Vorurteile, mit einer kindlichen Neugierde, die mir so oft abhandenkommt. Ich kam in der Nacht vor Weihnachten von meiner Gottsuche in Berlin nach Hause und weckte dann frühmorgens meinen Sohn Frederik auf. Er hatte die Augen noch gar nicht richtig auf, sein ganzes Gesicht strahlte mich an und er fragte verschlafen: „Hast du Gott gefunden?“

Jutta Jessen-Thiesen

Der Widerstand beginnt damit, nicht einverstanden zu sein

Eine Teilnehmerin macht sich während einer Exerzitienwoche in Flensburg auf den Weg, um das Mahnmal für Deserteure zu suchen. Sie hat gehört, dass es vor zwanzig Jahren entstanden ist, dann aber keinen Platz im öffentlichen Raum gefunden hat und nun in einem Hinterhof in der Schleswiger Straße abgestellt sein soll. So macht sich die Frau auf den Weg und fragt dort überall nach dem Kunstwerk. Schließlich erzählt ihr ein Anwohner, dass die Plastik tatsächlich lange in dieser Straße gestanden habe, nun aber wohl vor dem Rathaus zu finden sei. Und tatsächlich, die Plastik ist inzwischen öffentlich platziert worden. Ein Relief mit dem Satz: „Für Menschen, die sich nicht missbrauchen ließen für einen verbrecherischen Krieg." Am nächsten Tag trifft die Frau ihren Auskunftgeber genau dort an. Er habe sich selbst vergewissern wollen, erzählt er und entdeckt das Mahnmal, an dem er so oft vorbeigegangen war, ganz neu. Auf diese Weise bekommt die „Mahnung" wieder Gestalt – als umstrittene, verdrängte, wachgewordene und schon fast wieder übersehene Erinnerung an die, die sich dem Krieg widersetzt haben.

In der gemeinsamen Abendrunde kommt das Schicksal der Deserteure genauer in den Blick: Wer gefasst wurde, dem drohte das Todesurteil. Durch diese Geschichte aufmerksam geworden, kommt am nächsten Tag ein weiterer Teilnehmer an das Mahnmal. Er sieht die nackten Füße des Deserteurs: die Waffen, seine Ausrüstung und Schuhe abgelegt, läuft er in diesem entscheidenden letzten Moment barfuß. Dann wendet der Teilnehmer seinen Blick nach links und sieht vor sich die Rote Straße, eine historische Ladenstraße. Er weiß, hier folgen noch auf etwa drei Kilometern Geschäfte. Und beide Eindrücke fließen zusammen: „Die sich nicht missbrauchen ließen für einen verbrecherischen Krieg“ – auch hier und heute wird Krieg geführt, wird verbrecherisch umgegangen mit der Arbeitskraft der Produzenten, der Näherinnen, der Baumwollanbauer, der Natur. Der Gedanke „mich nicht missbrauchen lassen für einen verbrecherischen Krieg“ begleitet ihn auf seinem Rückweg durch die Einkaufsstraße. In der Austauschrunde am Abend fällt der Satz: „Der Widerstand beginnt damit, nicht einverstanden zu sein.“ Ein Moment um die Schuhe auszuziehen.

Elisabeth-Maria

Gott ist auch in dem, was uns trennt

Als ich die Skulptur vor der Kapelle der Versöhnung in Berlin zum ersten Mal sah, wusste ich, dass ich an einem für mich heiligen Ort stand, dass dies ein brennender Dornbusch war. Ich bekam warme Füße – und weil ich im Laufe des Vormittags kalte Füße bekommen hatte, tat das sehr gut. Im übertragenen Sinn wurde mir die Sache aber zu heiß und ich wich ein Stück zurück. Ich stellte mich in die Tür der Versöhnungskapelle und schaute mir aus „sicherer“ Entfernung die Bronzeskulptur weiter an: Es waren zwei kniende Personen, die sich über eine sehr niedrige Mauer hinweg locker umarmten. Auf der Mauer lagen ein Buch und ein Stück Stacheldraht. Da mehrere Leute kamen, musste ich meinen Platz räumen und ging noch einmal näher an die Darstellung heran. Dann reichte es mir für heute. Ich verneigte mich vor dem Ort der Gottesbegegnung und ging weiter. In mir war die dumpfe Ahnung, dass er etwas mit meiner Mutter zu tun hatte. Deshalb war mir dieser Ort auch zu heiß geworden.

Im Laufe der nächsten Tage verwandelte sich meine Beziehung zu dieser Skulptur. Auf dem Gelände dieser Gedenkstätte steht auch ein Turm, von dem aus ich mir am nächsten Tag das Stück der Berliner Mauer ansah, das hier noch steht. Als ich nach links hinüber zur Versöhnungskapelle schaute, bemerkte ich sie unten ganz klein. Von hier aus sah es so aus, als würden die beiden Personen etwas hüten. So zog es mich wieder zu der Skulptur hin. Als ich vor ihr stand, konnte ich den Gedanken zulassen, dass es möglich ist, einander wieder näherzukommen, trotz einer Mauer, die es gibt oder gab. Das Trennende bleibt in Erinnerung, ist Realität. Es bleibt und gehört weiter zu meiner Lebensgeschichte. Aber darüber ist es möglich, sich näherzukommen. Und das, was uns einmal getrennt hat, bleibt wie ein Schatz, der gehütet wird.

Als ich am nächsten Tag wieder an der Skulptur anhielt, stieg in mir die Vorstellung auf, dass unter ihr Gottes Hand ist, die alles hält: das, was war und was ist, wird von Gott getragen. Das konnte ich gut annehmen. Und wiederum tags darauf konnte ich auch den Gedanken zulassen, dass Gott mitten im Trennenden ist. Anschließend machte ich tiefe Erfahrungen im buddhistischen Tempel und kam auf dem Nachhauseweg wieder an der Darstellung vorbei, zu der es mich immer wieder zog. An diesem Tag stieg das Gefühl in mir auf, dass diese Skulptur auch in mir ist. Und ich konnte es zulassen.

Elrike Tyws

Bei den Obdachlosengräbern

Mich zog es zum Südfriedhof, zu den Obdachlosengräbern, auf denen die Namen jener stehen, die nun ein Obdach gefunden haben. Diese Grabstätte entstand vor einiger Zeit infolge beharrlicher Bemühungen jener Fürsprecher, die denen am Rande eine Schwester oder ein Bruder sein wollten. Der Wunsch und ein ungeahnter Drang, diese Grabstätte zu besuchen, standen so unvermittelt vor mir, dass der Gedanke an einen anderen Ort zunächst keinen Raum hatte. Sorgsam las ich die Namen der Schwestern und Brüder, stellte eine Blumenschale zwischen die Gräber und zündete Kerzen an. Ich legte mich auf die Wiese, sah die Baumkronen und gedachte all jener, die von einer heimatlosen Wanderschaft befreit sind. Tags darauf ging ich noch einmal zu den Grabstätten, reinigte die Grabplatten, harkte die Gänge und fühlte mich besonders jenen nahe, die ich mal begleiten durfte.

Philipp aus Imshausen

Wasch ab mein Unvermögen

In der Information, die wir vor Beginn der Exerzitien erhielten, hieß es: „Die Exerzitien sind ... ein Loslassen in die Zeit und die Anwesenheit Gottes hinein, die er uns schenken will." Ja, ich hatte viel Zeit, keine Termine, nur das Hier und Jetzt, das Heute. Fünf Tage saß ich neben einem obdachlosen Bettler in Hamburg auf der Reeperbahn und habe viel bei ihm gelernt: angewiesen zu sein auf die Zuwendung der Passanten. Stattdessen aber der Nichtbeachtung ausgeliefert zu sein, Luft zu sein, ein Nichts zu sein, das war das Schmerzlichste in dieser Zeit. Wie oft war ich selbst so vorübergegangen, verlegen und mit Vorurteilen. Jetzt saß ich auf der anderen Seite und mich ergriff ein Zorn, Wut, auf die achtlos Vorübergehenden. Anders mein neuer Freund, Martin. Er blieb gelassen und nahm es wie es kam und wünschte den Menschen „einen guten Tag noch". Und ich, der Fremde, durfte neben ihm sitzen. Das war doch auch nicht selbstverständlich.

Notizen aus meinem Tagebuch am 16. Juli:

„Gestern beim Abschied fragte ich Martin: ‚Störe ich dich?' Er hatte mir verraten, dass er mehr einnimmt, wenn er alleine dasitzt. Nein, ich solle bleiben: ‚Ich brauch auch mal jemanden, mit dem ich quatschen kann. Ich brauch auch mal ein bisschen Nähe.'

Mit einem kleinen Umweg über den Fischmarkt gehe ich wieder zu Martin. Es ist schon fast wie ein Nachhausekommen. Dieser Ort ist mir vertraut geworden, die Leute grüßen mich schon. Heute ist es trist, niemand gibt etwas. Unsere Rollstuhlfahrerin taucht wieder auf. Heute erfahren wir, dass sie Rosi heißt und 1946 geboren wurde. Sie zeigt uns ihren Ausweis und auch ältere Ausweise mit Lichtbild. Ein schönes Gesicht. Vor sechzehn Jahren etwa hat sie bei einem Autounfall beide Beine verloren. Sie will sich Bier besorgen, hat aber die drei Euro nicht zusammen. Martin hilft aus. Eine Frau schenkt uns Kirschen, weil sie kein Geld bei sich hat. Ich wollte bis 15 Uhr bleiben und sehe um halb drei auf die Uhr. Und jetzt kommt das dicke Ende. Vier junge Burschen bitten Martin, im benachbarten Waffengeschäft für sie Lederhandschuhe zu kaufen. Die Jungen wirken ganz nett, aber ich werde stutzig. Warum kaufen sie die Handschuhe nicht selbst? Sie bieten Martin für dieses Geschäft vier Euro. Mir gefällt das irgendwie nicht. Was sind das für Handschuhe, die man im Waffengeschäft kauft? Nachdem Martin den Einkauf erledigt und seine vier Euro bekommen hat, frage ich nach. Während ich mit ihm rede, kommt ein Bursche zurück und drückt auch mir zwei Euro in die Hand. Ich bin verwirrt. Was mache ich hier? Im Schaufenster sehe ich nach den Handschuhen: Es sind Quarzsand-Handschuhe. Zum Schlagen?

Martin erzählt mir: „Ich kenne die Jungs. Wenn ich ihnen den Gefallen nicht tue, bekomme ich Schwierigkeiten. Hauptsache, die schlagen mich nicht."

Und welche Rolle spiele ich hier? Hätte ich die Burschen nicht zur Rede stellen sollen? Wo ist „der gute Geist der Obdachlosen", wie Martin mich gestern noch genannt hat? Ich schäme mich.

Martin fragt beim Abschied: „Kommst du morgen wieder?"

Am Abend im Gottesdienst feiern wir die Fußwaschung. Ich bete: Wasche ab mein Unvermögen ... Ich bin froh über den anschließenden Austausch. Es tut gut, mich mitzuteilen und das Mittragen der anderen zu spüren. Ich bin erstaunt und dankbar, dass Gott uns so nahekommt.

Nathalie Korf

Beten um das Fallen von Mauern

An einem der ersten Tage bin ich entlang des Mauerweges spaziert. Eine Markierung zeigt dort an, wo die Berliner Mauer stand. Unterwegs wurde mir die Grausamkeit der Trennung der Stadt bewusst, und wie viele Mauern es noch in der Welt gibt. Doch nicht nur in fernen Ländern gibt es Mauern, die Menschen von Menschen trennen, sondern auch in mir selber sind Mauern gewachsen, die andere Menschen ausgrenzen und mich an einer Begegnung auf Augenhöhe, oder besser: von Herz zu Herz, hindern. Diese Mauern ehrlich anzuschauen, hat mich die Armut in mir selber erfahren lassen. Der Mauerweg führt am Holocaust-Mahnmal vorbei, an dem ich länger zwischen den vielen Stelen umherging, die für mich wie Mauern waren. In der Enge zwischen diesen kalten „Mauern" wurde mir bewusst, wie sehr Mauern unseren Blick einschränken und uns in uns und unsere Wahrnehmung einsperren können. Die in Berlin so präsente Geschichte zeigt, dass sich ganze Völker in ihr eigenes System einsperren oder von den Mächtigen einsperren lassen können und damit den Rest der Menschheit aussperren. In mir wuchs das Bedürfnis nach einem ruhigen Ort zum Gebet. Ich kam ans Brandenburger Tor, wo eine laute Demonstration meine Hoffnung auf einen solchen Ort zunichtemachte. Da stand ich auf einmal vor dem „Raum der Stille", der sich im Seitenflügel des Brandenburger Tores befindet und von einem interreligiösen Verein betreut wird. Hier hätte ich einen solchen Raum niemals erwartet. Drinnen war von der Demo nichts zu hören und so saß ich lange dort und betete um das Fallen von Mauern – in mir selber und in der Welt. Ich bin noch einige Male an diesen Ort zurückgekehrt, um zwischen Holocaust-Mahnmal und Reichstag, zwischen Vergangenheit und (politischer) Gegenwart für den Frieden zu beten.

Maria, 70 Jahre

Der Platz wird bereitet

Erfahrung am 8. Tag: Auf derselben Parkbank, wo ich erstmals mit den Obdachlosen saß, sitzt nun eine alte türkische Frau. Als ich an ihr vorüber bin, ruft auch sie mir nach und lädt mich zu sich auf diese Bank ein. Ich bin betroffen, was da jetzt geschieht. Mit einer so liebevollen Art bereitet sie mir den Platz neben sich, reinigt ihn. Wir können wegen fehlender Sprachkenntnisse nicht miteinander reden, wir sitzen schweigend beisammen, einzelne Gesten drücken Zuwendung und Berührung aus. Ich verabschiede mich nach Langem. Sie winkt mir nach, solange sie mich sieht. Ich fühle Glück in mir. Was ich mit ihr erfahren habe, ist mir bis heute eine tiefe Jesusbegegnung und im übertragenen Sinn eine Weisung für mein Gebetsleben: Ich werde eingeladen, angesprochen, der Platz wird bereitet, gereinigt. Ich bin mit Jesus im Schweigen gegenwärtig. Ich werde im Gebet berührt und darf berühren. Ich werde beschenkt. Ich bete mit Jesus zum Vater. Ich darf an den Bewegungen seines Herzens Anteil haben. Ich werde für den Weg gesegnet.

Elisabeth Steiff

Das Leben miteinander feiern

Am dritten Tag meiner Exerzitien habe ich Willy kennengelernt. Er hat mich erleben lassen, was die Bibel meint, wenn sie von Brüdern und Schwestern im Geiste Jesu spricht. Wie oft habe ich das schon gehört, aber nie erlebt. Hat nicht auch Jesus gesagt, dass er unser Bruder ist? Jetzt kann ich auch die Bibelstelle besser verstehen: Was ihr meinen Schwestern und Brüdern getan habt, das habt ihr mir getan.

Wir, Willy und ich, trafen uns am dritten Tag der Exerzitien und verabredeten uns noch für den Tag danach. Dann sollte Schluss sein. Schließlich nahm ich gerade an Exerzitien teil und da sollte ich ja auch noch etwas anderes erleben. Habe ich dann auch, aber genau mit diesem wunderbaren Menschen. Denn ich merkte: Ich kann nicht bis zum Ende der Woche einfach an Willy vorbeigehen, wenn ich ihn auf der Straße sah, oder einen Bogen um ihn machen. Denn ich wusste ziemlich genau, wann er sich wo aufhielt. Einen Tag zügelte ich mich, aber dann musste ich ihn wiedersehen und sprechen. Denn ich konnte jetzt nicht mehr so tun, als wäre er mir nicht wichtig. Er ist doch mein Bruder geworden, so habe ich es erlebt.

Also machte ich mich auf und Willy begegnete mir tatsächlich. Er strahlte und sagte: „Ja was, die Elisabeth ist wieder da." Er sagte nicht wie beim allerersten Mal: „Darf ich die Dame auf ein Glas Wein einladen?", sondern: „Wo lassen wir uns nieder?"

Ich schlug vor: „Beim Italiener im Hinterhof war es doch sehr gemütlich." Da hatten wir nämlich schon mal über Mittag gesessen.

Also nichts wie hin: Willy mit seinem „aufgebockten" Rollator mit Unterarmgehhilfe. Er nennt ihn „Hundeschlitten". In der Pizzeria angekommen, wird eingeparkt, wir setzen uns an denselben Tisch wie beim letzten Mal und sind mit den BASF-Angestellten im schicken Anzug oder Minirock in bester Gesellschaft. Ich bemerke, dass Willy etwas mehr Zeit braucht als sonst, und vermute, dass er noch einen Schluck aus seiner Eierlikörflasche nehmen will wie sonst auch. Aber so ist es nicht. Willy holt aus seiner blauen Sporttasche eine Plastiktüte heraus und legt sie auf den Tisch. Ich kann nicht sofort erkennen, was darin ist, ein Pfirsich vermutlich. Stimmt aber wieder nicht. Er holt aus der Tüte eine frische, große, violettfarbene Feige heraus, teilt sie mit dem rechten Daumennagel, reicht mir die eine Hälfte und steckt sich die andere selbst in seinen Mund, in dem keine Zähne mehr sind. Dabei schaut er mir über den Rand seiner Brille tief in die Augen und sagt kein Wort. Das braucht es auch nicht. Die Geste genügt. Zwischen uns ereignet sich, was wir in dieser Woche miteinander erlebt haben: Wir beide, haben in dieser Woche das Leben miteinander geteilt. Ich durfte Anteil nehmen an seinem Leben, seiner Geschichte und er freute sich, wenn ich etwas von mir erzählt habe. Ausgefragt hat er mich nie.

Als ich am Abend in der Austauschrunde von dieser Gegebenheit erzähle, bin ich so angerührt, so berührt, so tief emotionalisiert, dass ich nur noch weinen kann und es auch von tiefstem Herzen zulasse. Weinen über dieses große Glück. Denn heute Abend habe ich verstanden, was Eucharistie heißt: Das Leben miteinander feiern, weil Gott mitten da ist.

R.

Im Koma: lebendig und ansprechbar

Nur einen Eindruck von den Exerzitientagen möchte ich schildern: den Besuch bei einem Studienfreund, der im Koma liegt. Er ist einige Jahre älter als ich, stand genau wie ich mitten im Berufsalltag, fiel ganz plötzlich ins Koma und ist seit Jahren nicht mehr aufgewacht. Ich hatte seinen Vater gefragt, ob ich ihn besuchen kann, und erinnere mich noch an meine Anspannung auf der Zugfahrt. Der Studienfreund hatte mir, als wir beide noch studierten, zwei Bücher mit Widmungen geschenkt, die ich auf die Fahrt mitnahm. So las ich mitten im Sommer, womöglich zum Befremden der anderen

Fahrgäste im Zug: „Weihnachten für freche Frauen". Der Vater meines Studienfreunds holte mich vom Bahnhof ab, lud mich zum Essen ein und zeigte mir das leere Kinderzimmer seines Sohnes. Mein Studienfreund hatte einen riesigen Freundes- und Bekanntenkreis gehabt und war sehr hilfsbereit und weltoffen gewesen. Umso trauriger war ich, als ich hörte, dass viele Freunde sich abgewandt hatten, die er andererseits früher sehr unterstützt hatte. Aber ich muss selbst zugeben: Ohne den geschützten Rahmen der Exerzitien und die Aussicht, abends von meiner Begegnung erzählen zu können, hätte ich es kaum geschafft, diese Schwelle der Angst und Hilflosigkeit zu überschreiten und ihn zu besuchen – und ich hatte vier Jahre gebraucht von der Nachricht, dass er ins Koma gefallen war bis zum ersten Besuch. Wie oft bin ich wohl auch schon vor Menschen in solchen Ausnahmesituationen weggerannt und habe sie allein gelassen, weil ich ihr Leiden nicht auszuhalten glaubte?

Das Engagement seiner alten Eltern für ihren Sohn und ihre Hoffnung, er möge wieder aufwachen, berührten mich, genau wie ihre Einsamkeit, weil so viele frühere Freunde das Leid nicht aushielten. Im Pflegeheim sah ich Postkarten, die unsere Kirchengemeinde ihm über die Jahre hinweg geschickt hatte, und spürte, dass diese vergeblich anmutenden Nachrichten zumindest für seine Eltern eine Bedeutung hatten. Die Begegnung mit ihm hat mich sehr verändert. Vielleicht ist er glücklich, wie er ist, und geht durch Landschaften, die ich nicht wahrnehmen kann? Manchmal leide er spürbar, erzählen die Eltern, und er habe schon geschrien vor Schmerzen. Bei meinem Besuch war er da und präsent. Ich konnte seine

Gesichtsbewegungen zwar nicht deuten, aber ich hatte das Gefühl, dass er „da“ war, dass er eine starke und ganze Persönlichkeit war, die lebte und Bewusstsein hatte, auch wenn er sich nach außen wenig mitteilen konnte. Auf der Rückfahrt vertiefte sich beim Nachdenken dieser Eindruck von Präsenz und unzerstörbarer Gegenwart: Da *ist* jemand, unzerstört und unzerstörbar trotz des äußeren Anscheins, ist lebendig und ansprechbar, auch wenn er nicht antwortet. Das war eine neue Dimension des Menschseins für mich jenseits allen Leisten-Müssens und des vordergründig Sichtbaren, und eine sehr tröstliche Erfahrung, die schwer in Worte zu fassen ist. Ich hoffe so sehr, dass seine Eltern in aller Einsamkeit genauso Momente von Trost erleben.

Am nächsten Morgen fand ich vor dem Exerzitienhaus eine Taube, die auf dem Boden saß und gelähmt wirkte. Ein Flügel wirkte gebrochen. Plötzlich konnte ich nicht mehr aufhören zu weinen. Vergeblich und unsinnigerweise versuchte ich, einen Tierarzt für die Taube aufzutreiben. Ein Mit-Übender brachte ihr schließlich etwas Wasser und sagte, vermutlich betreibe er da Sterbebegleitung. Aber auf einmal flog die Taube davon.

Angelika

Zeit für das Wesentliche

An einem Tag machte ich mich auf den Weg nach Birkenwerder, einem entlegenen Vorort Berlins, wo ich das Karmelitenkloster St. Teresa besuchen wollte. Es war sehr schön und beeindruckend. Aber das „große“ Erlebnis jenes Tages war noch etwas anderes. Meine S-Bahn hielt am Gesundbrunnen, einem großen Knotenpunkt im Wedding. Der Bahnsteig war voll hastender Menschen, die Gesichter verschlossen und zielgerichtet. Da sah ich über eine Distanz von vielen Metern einen liebevollen Blickkontakt zwischen einem kleinen, vielleicht siebenjährigen Mädchen und seiner Mutter. Sozusagen in Hüfthöhe zwischen all der Hektik und dem Gerenne war dieser sprechende Blick ganz lebendig. Voll Aufmunterung vonseiten der Mutter und voll dankbarer Annahme durch die Tochter über eine große Distanz. So kraftvoll und aufbauend und stark. Die Situation war völlig diskret, kein Mensch nahm Notiz von den beiden. Oberflächlich betrachtet war da nur die „seelenlose“ Großstadthektik zu sehen. Ich durfte diesen Blick wahrnehmen, denn ich hatte durch meine Exerzitien Zeit für das Wesentliche.

Das Ende der Straßenexerzitien
In den Alltag gehen: mit brennendem Herzen

Zwei Jünger sind auf der Straße zwischen Jerusalem und Emmaus unterwegs. Sie nehmen nichts um sich herum wahr, sprechen nur über ihre Enttäuschung und ihre Sicht der Dinge, die hinter ihnen liegen. Ein Fremder kommt dazu, schließt sich ihnen an, mischt sich in ihr Gespräch, fragt, bricht ihre Sicht auf. Erst beim gemeinsamen Mahl erkennen sie Jesus und spüren voller Staunen: „Brannte uns nicht das Herz in der Brust, als er unterwegs mit uns redete?" (vgl. Lukas 24,13-32).

Die letzte Etappe der Straßenexerzitien lädt ein, diesem brennenden Herzen nachzuspüren, nochmals zurückzukehren an Orte, an denen das Herz brannte. Wie spüre ich diesen Ort *jetzt*? Wir wollen die Erfahrung des brennenden Herzens erneut würdigen und tiefer in uns aufnehmen. Auch der zu Beginn entdeckte persönliche Gottesname kann mich wieder neu in die brennende, lebendige Gegenwart führen.

Die Erzählung aus Lukas 24 geht weiter: *„Noch in derselben Stunde brachen sie auf und kehrten nach Jerusalem zurück, und sie fanden die Elf und die anderen Jünger versammelt. Diese sagten: Der Herr ist wirklich auferstanden und ist dem Simon erschienen. Da erzählten auch sie, was sie unterwegs erlebt und wie sie ihn erkannt hatten, als er das Brot brach. Während sie noch darüber redeten, trat er selbst in ihre Mitte und sagte zu ihnen: Friede sei mit euch!"*

Die Erfahrungen, die uns geschenkt werden, bleiben nicht privat. So lassen sich die Jünger von ihrem brennenden Herzen zurück auf die Straße rufen, zurück in die größere Gemeinschaft, die sie völlig entmutigt verlassen hatten. Und da geschieht etwas für uns Ungewöhnliches: Sie platzen nicht mit ihren Erlebnissen in das Gespräch der Gruppe hinein, sondern hören zunächst den anderen zu. Im gegenseitigen Teilen ist plötzlich der Auferstandene gegenwärtig – mitten in ihrer Mitte!

Auch die Exerzitien auf der Straße kennen diese verschieden großen Kreise: Da ist das persönliche Suchen auf der Straße und im eigenen Innenraum; da ist das tägliche Begleitgespräch in der Kleingruppe; oft gibt auch eine zweite Exerzitien-Gruppe, die parallel ihren Weg geht. Beide Gruppen teilen am letzten Abend in einem Gottesdienst ihre Erfahrungen, im Hören und Erzählen. Darüber hinaus gibt es weitere Kreise: Die gastgebende Gemeinde oder Gemeinschaft, die Straße, die Stadt. Am letzten Tag der Exerzitien gibt es noch eine weitere Einladung: in die Stille zu gehen, das Jetzt, die brennende Liebe wahrzunehmen, mitten im Aufräumen und Putzen, Packen und auf dem Weg in den Gottesdienst der gastgebenden Gemeinde. Dort mit dem, was mein Herz brennend gemacht hat, auf die Erfahrungen und die Fragen in diesem weiteren Kreis jetzt zu hören und sich zu öffnen. Im neuen Aussprechen der Erfahrungen unter zuvor nicht Beteiligten zeigt sich noch eine ganz neue Dimension von dem, was den Einzelnen wichtig geworden ist. Hier werden wir neu befragt: Was war denn da genau? Menschen lassen sich ermutigen, ihre Hoffnung, ihre Sehnsucht vertrauensvoll anzuschauen.

Nach den intensiv erlebten Exerzitien geht der Weg im Alltag zu Hause weiter. Die Teilnehmenden bekommen ein Geschenk mit: einen Alltagsgegenstand, vielleicht einen Löffel oder ein Teeglas, das zu Hause in der Küche oder anderswo einen Platz bekommt und an die Exerzitien erinnert, an dieses Brennen des Herzens. Aber es ist zugleich auch ein guter Erzählanlass, wenn andere diesen Gegenstand in die Hand nehmen und fragen: Warum stehen hier zwei Teegläser? Wenn wir dann gemeinsam daraus trinken und erzählen, dann geht der Weg weiter. Dann wird dieses Geschenk eine Hilfe sein auf dem Weg in die eigentlich entscheidende Etappe der Exerzitien: den Alltag. Im „Üben auf der Straße", im Wahrnehmen der Gegenwart Gottes im Schauen, Gehen, Hören und Atmen wachsen wir in eine Grundhaltung hinein, die das ganze Leben prägt und in die wir immer wieder bewusster einschwingen können. Kernworte dieser Haltung sind Neugier, Erwartung und Spürsamkeit. Die Bereitschaft, uns überraschen zu lassen und zu staunen, bewirkt zu Hause, am vermeintlich vertrauten Ort einen Perspektivwechsel, durch den wir unsere Umwelt anders anschauen; wir schauen genauer hin. Das ist ein Hindurchschauen auf das andere, das sich im Vertrauten versteckt hält.

Durch das „Üben auf der Straße" wird diese Suchbewegung immer mehr Teil meines Lebens: Wenn wir bereit werden, im Banalen, sogar in dem, was zuerst in mir Widerstand verursacht, uns von Tieferem, Größerem überraschen zu lassen, wartet da das Geschenk einer unerwarteten Freude. Oder eine aufrüttelnde Frage, die einen blinden Fleck sichtbar macht? Oder ...? Da braucht es keine spektakulären Ereignisse, sondern die Momente, in denen wir feiner erspüren lernen, achtsamer werden auf die alltäglichen Dinge, die uns weiten auf den/die/das andere – auf das Leben hin. Und manchmal wird uns in der nachträglichen Reflexion bewusst, dass sich mitten darin etwas von dem Ganz-Anderen, von Gott zeigt.

Pia Schildmair, Wien

Jemanden haben, der meine Verwundung mit mir durchlebt

Meine wichtigste Erfahrung auf den Exerzitien 2003 in Köln war der Weg zu einem See. Dazu müsst ihr wissen, dass sich zwei Jahre vorher ein Freund von mir in einem See das Leben genommen hat und ich sehr darunter gelitten habe. Und so war der See der Ort meines Dialogs mit dem Freund, mit mir und mit Gott. Als ich am Abend Christian Herwartz davon erzählt habe, hat er in der Gruppe gefragt, wer mich am nächsten Tag dorthin begleiten könnte, und Sr. Franziska hat sich gemeldet. Es tat wirklich gut, mit ihr an diesen Ort zu gehen und gemeinsam das Leid der Trauer zu tragen, das durch Selbstmord entsteht.

Wenn ich zurückblicke, war es vor allem diese Erfahrung, dass mir jemand geholfen hat, die meine Exerzitien geprägt hat. Manchmal muss der Arme nicht außerhalb von mir sein. Manchmal darf der Arme auch in mir sein. Manchmal braucht es jemanden, der mein

Leid, meine Einsamkeit teilt. Diese Erkenntnis ist mir erst jetzt – im Jahr 2015, also zwölf Jahre später – gekommen und auf einmal war auch mein aktueller Gottesname da: „Du, der meine allertiefste Einsamkeit mit mir teilt". Anders gesagt: Der Dornbusch ist in mir, der Ort, an dem Gott mir begegnet, in meinen Verletzungen. Gott, der an den tiefsten Punkten meiner Seele – dort, wo sie verwundet ist – mit mir ist.

Als ich diese Gedanken vor ein paar Tagen mit meinem geistlichen Begleiter aus Wien besprach, machte er mich darauf aufmerksam, dass es genau das ist, was ich auch in meinem Leben erreichen will: dort zu sein, wo Menschen die tiefsten Verletzungen haben, sie zu begleiten und eben nicht wegzugehen. Mein Gottesname, meine Gotteserfahrung deckt sich also auch mit meiner Berufung. Es ist unglaublich schwierig, die Verwundung der eigenen tiefsten Punkte zu erleben, aber dadurch wird mein Leben, mein Einsatz authentischer. Ich gebe dann eine Gotteserfahrung weiter, die ich nicht nur vom Hörensagen kenne. Ich habe erlebt, selber verwundbar, bedürftig zu sein, eine Not zu haben und einen anderen Menschen und Gott wirklich zu brauchen. Ich habe auch erlebt, dass da einer ist, der mit mir diese Verwundung durchlebt, und dafür bin ich Gott aus tiefem Herzen dankbar.

Martina Fröhlinger

Zuneigung zu dem Versteckten in mir

Ich fange mal mit einem Traum an, den ich hatte, acht Jahre bevor ich überhaupt wusste, dass es so etwas wie Straßenexerzitien gibt. Er steht mir noch immer klar vor Augen – oder besser gesagt, ich fühle ihn noch immer oder vielleicht auch erst recht, seit er dabei ist, immer mehr in Erfüllung zu gehen. Der Traum kam mir während ignatianischer Exerzitien nach einer Woche im Schweigen, abgeschirmt von der Welt in einem idyllisch gelegenen Tagungshaus.

Im Traum befand ich mich allein in einer dunklen, kalten, steinernen Kirche irgendwo in der Nähe des Altars. Auf einmal spürte ich, dass sich mir jemand Fremdes von hinten lautlos näherte. Ich bekam schreckliche Angst, weil ich absolut sicher war, jetzt durch diesen Fremden sterben zu müssen. Vorsichtig drehte ich mich um und ging auf die vermummte Gestalt zu, die ich nur undeutlich wahrnehmen konnte. Als ich ihr ganz nahe war, erkannte ich, dass auch sie „ich" war und ich keine Angst zu haben brauchte. Stattdessen spürte ich große Zuneigung und Zärtlichkeit. Wir umarmten uns und gemeinsam verließen wir die Kirche. Dann war „sie" verschwunden und ich fand mich im hellen warmen Sonnenlicht in einer Welt voller Farben und eifrig miteinander redender Menschen wieder.

Hier endete der Traum, der mich bis ins Innerste aufgewühlt hatte, so wie es auch die Straßenexerzitien taten, die ich dann acht Jahre später in Hamburg mitmachte, obwohl ich große Angst davor hatte, mich auf so etwas Verrücktes einzulassen, noch dazu in einer Großstadt, fern vom „beschaulichen“ Landleben, in dem ich wohne und in dem ich mich bisher auch in Exerzitien bewegt hatte. Nach dem Bericht einer Teilnehmerin, die ich einige Jahre nach dem besagten Traum kennenlernte und die von ihren Erfahrungen auf den Straßen Berlins erzählte, konnte ich nicht anders, als mich umzudrehen und darauf zuzugehen. Ich, die ich die Stadt mit ihren vielen kranken Erscheinungen fürchtete wie der Teufel das Weihwasser, hatte das ganz starke Bedürfnis, genau da und nirgendwo sonst, Gott finden zu wollen. Wenn er *wirklich* mit den Bedürftigen, Schwachen und Ausgegrenzten ist, dann *musste* er mir doch genau dort begegnen. Glauben konnte ich das nicht wirklich – aber ich wollte es ja auch nicht *glauben*, sondern *erfahren*.

In Hamburg erlebte ich genau das, was ich Jahre zuvor geträumt hatte: In der Fremdheit zweier „verrückter“ Männer, die ich kennenlernte, begegnete ich mir selbst und empfand eine so große Nähe und Zuneigung nicht nur zu ihnen, sondern zu mir selbst und dem, was ich in mir vermummt, versteckt, nicht angeschaut und für verrückt erklärt hatte, dass ich einfach überwältigt war. Ich fand eine Kirche, die auf der Straße stattfindet, in der ich nicht auf mich allein gestellt mit starren kalten Formen konfrontiert bin, sondern geborgen in der Gemeinschaft mit anderen an der bunten Vielfalt des Lebens teilhabe – des Lebens, wie es ist, nicht wie es sein sollte. Das ist jetzt zwei Jahre her – und seitdem habe ich noch mehrere Straßenexerzitien in verschiedenen Varianten mitgemacht und auch andere darin begleitet.

Was sich seitdem in meinem Leben verändert hat? Von außen betrachtet: nichts. Und innerlich? Da fühle ich mich ganz am Anfang eines Weges. Ich versuche, mehr zuzuhören statt zu reden, mehr hinzuschauen statt mitzumachen, mehr sein zu lassen statt machen zu wollen. Manchmal gelingt es mir, in dieser Haltung unterwegs zu sein: Vor allem in schwierigen Situationen habe ich das schon häufiger festgestellt. Dann bin ich oft zutiefst glücklich und froh, denn dann merke ich: Jetzt ist Gott in mir lebendig – und ich hindere ihn nicht daran.

Haiko

Entblößt

In Bethanien – nahe des Lazarusgrabes – sah ich inmitten einer Müllhalde einen gefällten Feigenbaum. Er trug Früchte und ich konnte nicht erkennen, warum er gefällt worden war. Keine Jahresfrist hatte er mehr bekommen. Ich pflückte ein paar Feigen. Aber der Saft war schon aus ihnen gewichen. Es war ein trüber Tag. Aber dann brach die Sonne durch und beschien den gefällten Feigenbaum. Ich erkannte mich in ihm. Ich habe kein Bewusstsein dafür, Frucht gebracht zu haben. Ich zerrieb die trocknen Früchte zwischen meinen Fingern und rieb meinen entblößten Körper ein mit den Feigenkrümeln. Ihr vergehender Duft hat mich belebt.

Ich bin unzustellbar wie ein Brief, ein vielleicht wichtiger Brief, ein Liebesbrief.

Die Erfahrung unzustellbar zu sein, mache ich häufiger in der Begegnung mit Menschen. Ich komme nicht an. Ich erreiche den anderen nicht. Das ist ein Schmerz, der manchmal das Feuer (in mir) zum Erlöschen bringt.

Die Erfahrung der Exerzitien auf der Straße ist die Entblößung. Ich möchte mich nackt gebärden, um das Feuer in meine Haut einzulassen und in meine Eingeweide.

Am Ort, der sich als heilig erweist, möchte ich verweilen. Oft ist es „nur" das Angesicht eines Menschen. Ich wage dann nicht, Worte zu wechseln, weil Worte das Feuer zum Erlöschen bringen könnten. Das Brennen ist Ereignis des Außen. Ich muss mein inneres Zentrum teilhaben lassen, um nicht vergehen zu müssen. Vielleicht gelingt es mir, mich ohne festen Wohnsitz aufzuhalten.

Jan Rinke

Ein Straßencredo

Am Ende der Straßenexerzitien war ich in Hochstimmung. Vielleicht kann man es manisch nennen. Wie schon bei früheren Straßenexerzitien dachte ich, nun mit jedem Menschen in Austausch treten zu können. Dann begegnete ich dieser kleinen dicklichen Alkoholikerin, die von mir Finderlohn forderte, weil sie vor der Abreise mein Gepäck gegen andere Obdachlose verteidigt hatte. Sie brauche Geld für die nächste Übernachtung im Haus für obdachlose Frauen. Bargeld hatte ich keins bei mir und so begleitete sie mich zu zwei Geldautomaten, die allerdings nichts herausgaben. Mein Konto war so gut wie leer. Ihr „Lass mich mal versuchen!“, wusste ich abzuwehren. Es gibt Grenzen, die ich in den letzten Tagen nicht verteidigen musste. Unterwegs erzählte ich ihr von der Gottsuche unserer Gruppe auf der Straße. Das Gespräch wurde herzlich. In ihrem Lächeln kam einmal eine überwältigende Wärme zum Vorschein und ich empfand es als Zeichen von Gottes Gegenwart. Nachdem ich sie vorher nicht abschütteln konnte, lief sie nun von selbst davon. Ich wollte ihr noch folgen, aber meine Gehbehinderung machte den Versuch zwecklos.

Wieder zu Hause, erzählte ich der Äbtissin des Klarissenkonvents nach der Vesper im Dom: „Ich war wieder zu Exerzitien unterwegs.“

„Auf der Straße?“, strahlte sie.

„Ja. Und ich glaube, im Lächeln einer verwahrlosten, obdachlosen Säuferin Gottes Gesichtszüge erkannt zu haben.“

„Dann haben Sie ihn wirklich gesehen.“

Wow. Schwester Ancilla zähle ich zu den Menschen, die sich relativ gut mit Gott auskennen. Sie ist Profi. Ich habe ihn also gesehen. Und so erkläre ich mir, dass mir in den paar Wochen danach alles plötzlich sehr klar erschien. Ich war zu fast allem motiviert. Morgens auf dem Weg zur Arbeit, den ich jetzt nicht mehr mit Widerwillen ging, begann ich zu reimen. Mein kleines Credo zu Begegnungen mit Gott auf der Straße und seiner Solidarität mit uns, zu singen nach der Melodie „Gott ist dreifaltig einer“ (GL 354):

Christ ist vielfältig Nächster; auf Straßen dieser Welt:
Nackt, krank und durstig lebt er, von uns nicht ausgewählt.
Mal drängt er und dann flieht er; oft ist er uns so fremd.
Glauben wir seiner Liebe, schenkt er sein letztes Hemd.

Ralf Kawitzke

Die Woche danach (Tagebuchaufzeichnungen)

27.08.06
Nach Gottesdienst und Morgenandacht treffe ich am späten Nachmittag wieder in Markt Schwaben ein. Ich habe so gar keine Lust, in den Alltag zurückzukehren, mag nicht telefonieren, auch das Internet nicht anstellen. Da ruft Angela an, überhäuft mich wie immer mit ihren Problemen. Ich merke jedoch, dass ich ihr viel aufmerksamer als sonst zuhöre. Am Abend bin ich bei Ulla und Hansjörg zu einem Glas Wein. Erstaunlich, diese beiden „Nichtgläubigen“; besonders Hansjörg sieht hier Parallelen zur Psychoanalyse. Annehmen – die Geheimnisse des Lebens und die merkwürdigen Verstrickungen.

28.08.06
Während es gestern noch nicht dran war, Karen (sie hat mich bei den Exerzitien im Gebet begleitet) anzurufen, bin ich von ihrer Nachricht auf dem Anrufbeantworter total berührt. Sie ist wirklich so etwas wie meine Lebensvertraute. Als ich sie höre, meine ich, die Exerzitien

gingen weiter. Ich lade sie für den Abend um 19 Uhr zum Miteinandertelefonieren ein, sage, der Tisch sei für sie gedeckt.

Franz M. Werhahn

Nichts ist Zufall, alles ist repräsentativ

Die Exerzitien haben uns gelehrt, wahrzunehmen, was um uns geschieht und wie es uns betrifft. Das kann ich auch in meinem normalen Alltag tun. Insofern waren die Tage in Hamburg eine repräsentative Lifesituation unter Idealbedingungen. Nichts ist Zufall, alles ist repräsentativ. Ich habe die Straßenexerzitien als Praktikum über Zufall und Vorsehung erfahren: Was ich erlebe, kann zufällig bleiben. Wenn ich mich aber vom Erlebten innerlich treffen und betreffen lasse, weil ich wahrnehme, dass es mir etwas sagen will, sei es, dass es an ein Vorurteil, eine Vermeidung, an eine Sehnsucht, an eine Fehlhaltung erinnert oder Wut, Ärger oder Traurigkeit in mir erzeugt, dann wird dieses zufällige Erlebnis in mir zu einer Entdeckung. Und wenn ich solch eine Entdeckung in mein alltägliches Leben nehme, wird aus einem zufälligen Erlebnis eine Erfahrung und aus einem Leben voller Zufälligkeiten geschenktes, vorgesehenes Leben.

R.

Staunen, wie viel weiterwirkt

Vor fünfeinhalb Jahren war für mich wieder eine Übergangszeit. Diesmal nicht der Übergang zwischen Studium und Beruf, sondern die Genesung nach einer schweren Krankheit, der Abschied von einer alten Arbeitsstelle, aber auch schon die Perspektive für die neue. Diesmal hatte ich die Möglichkeit, direkt in der Stadt Exerzitien zu machen, in der meine Mutter gelebt hatte. Der erste Tag war ein Schock: Was mache ich hier im Getto? Ich hatte gar keine Lust, vor die Tür zu gehen. Und was hatte das mit meiner Familiengeschichte zu tun? Ich setzte mich erst einmal drinnen hin und malte viele Bilder. Dankbarkeit, wieder gesund geworden zu sein, Dankbarkeit, beruflich eine neue Perspektive zu bekommen. Am nächsten Tag wagte ich mich doch vor die Tür. Was ich damals – noch tastend – begann als spirituellen Weg, hat mein berufliches und privates Leben bis heute begleitet. Die Themen Migration, Diskriminierung und Ausgrenzung, die Arbeit mit Kindern und die Neugier auf Lebenswelten jenseits meines bildungsbürgerlichen Horizonts, genau auch in diesem Stadtviertel, haben mich bis jetzt begleitet, und ich staune, wie viel von dem, was damals in den Exerzitien begann, weitergewirkt hat: die Erfahrung, als Deutsche in der Minderheit zu sein, die Erfahrung von Ungleichheit und Ungerechtigkeit, das Miteinander mit Kindern, die Vielsprachigkeit dieses Stadtviertels, mein eigenes Nicht-Verstehen und die Sehnsucht nach Verstehen, all das prägt meine Arbeit bis heute. Auch wenn ich inzwischen oft im Arbeitsalltag vergesse, dass diese Themen ursprünglich einer spirituellen Suche entspringen und dass ich bei allem Ärger über Ungerechtigkeiten oder Sorge um dass Klein-Klein des Alltags diese Dimension nicht vergessen darf.

Elisabeth Steiff

Die Exerzitien gehen weiter – im Café

„Ich weiß gar nicht, wie ich zurückfinde."
So habe ich im August 2014 in mein Tagebuch geschrieben. Jetzt ist Ende Februar 2015. Ich habe wieder in den Alltag gefunden, aber erlebe mich ganz anders als noch vor einem halben Jahr. Mittlerweile teile ich meine Vergangenheit in die Zeit vor und nach den Straßenexerzitien ein, denn mein Beziehungsleben hat sich verändert. Ich bin viel freier, offener, mutiger und damit zugänglicher geworden. Ich habe einen besseren Zugang zu mir gefunden und zu meinen Mitmenschen; das Bewerten in gut und schlecht ist so in den Hintergrund getreten. Das befreit mich. Glaube ich an die befreiende Botschaft? Ja! Und sie wird immer mehr Wirklichkeit. Ich kann viel mehr im Augenblick leben. Das Jetzt zu leben – das tut so gut; nicht alles, was ich mache, muss in einem anderen Augenblick auch stimmig sein, aber es ist jetzt stimmig, wie schön.

Wenn ich meinen Kolleginnen und Kollegen von meinen Erfahrungen in den Exerzitien erzählt habe (und sie mussten sich oft meine Erzählungen anhören), dann wurde manchmal abwertend gesagt, es sei ja nicht der

Alltag gewesen, sondern die besondere Zeit der Exerzitien. Das stimmt. Und gleichzeitig macht es mich unruhig: Bin ich denn nur auf einer Insel gewesen? Nein, die Straßenexerzitien haben mein Leben verändert – aber dann müssen in der Praxis meines Lebens auch Konsequenzen sichtbar sein. Ich kann nicht nur davon schwärmen und erzählen. Zum Glück treffe ich auf Menschen, die mit mir gemeinsam suchen und das Reich Gottes verwirklichen wollen. Denn es ist schon unter uns! Ich möchte es immer mehr entdecken und erleben, in meinem Alltag, in meinem Beruf. Eine Folge ist, dass ich nun jeden Dienstagmittag bei uns im Ort ins Stehcafé von „tegut" gehe und mich öffne für das, was geschieht und was mir geschenkt wird. Danke dem Leonardo, dass er mir den Einstieg so leicht gemacht hat. Jetzt rechnet er immer mit mir und ich rechne ja auch mit ihm und vor allem mit Gott unter uns Menschen.

Elisabeth Tollkötter

Da ist mehr im anderen

Abschlussgottesdienst nach zehn Tagen Straße in Berlin. Ich habe keine Lust auf Liturgie, auf viel Text, auf viele Menschen. Die innere Bewegung geht hin zur Stille, einzelne Begegnungen, Nachklingenlassen der vielen dichten Erfahrungen aus diesen Tagen. Also Widerstand auf allen Ebenen. Ich gehe trotzdem hin – mitgefangen, mitgehangen, das gehört eben dazu ... So seufze ich vor mich hin, suche mir einen Platz in der Kirche (schön weit hinten, wo ich mich keiner sofort sehen und ich mich auch wegschalten kann).

Christian lädt ein, von den Tagen zu erzählen. Meine Erfahrungen sind so fein, noch so sehr fern der Worte, dass ich mich nicht traue, meinen Mund aufzumachen. Da steht Clemens auf, beginnt zu sprechen: Am Cottbusser Tor war er, hat die Junkies gesehen, hat mit ihnen gesprochen, hat ihre Arm-Seligkeit sehen dürfen. Es elektrisiert mich: Arm-Seligkeit. Arm und selig. Und dann – als er fertig ist – ruft einer aus der Gemeinde in den Raum – laut, mit klarer Stimme, die ein wenig zittert: „Danke, dass du uns so gesehen hast! Danke, dass du uns so schön gesehen hast!"

Er ist vierzehn Jahre her, dieser Gottesdienst. Seitdem schwingt dieses „arm-selig" und „So schön gesehen!" in mir herum und erinnert mich immer wieder an meine eigene Arm-Seligkeit und an die Arm-Seligkeit meines Gegenübers – mit Krawatte oder ohne, mit Gestinke oder in feines Parfüm gehüllt, ganz präsent oder weggedröhnt durch Arbeit, Drogen oder Oberflächlichkeit, gesund oder sterbend. Da ist mehr im anderen – Gott öffnet mich dafür.

Brigitte, März 2015

Offen zur Erde, wo Milch und Honig fließen

Die Straßenexerzitien in Paris 2009 waren das erste Geschenk, das ich zu meinem fünfzigsten Geburtstag erhalten habe. Fünf Jahre später will ich diesen Weg in

Straßburg weitergehen. Wie hat diese Erfahrung mein Leben bereichert? Ich halte einige Punkte fest:

Die Schuhe ausziehen. Mit nackten Füßen einen heiligen Raum betreten. Der Ruf: eine Flamme in einem Dornbusch. Seine Schuhe ausziehen: Streife die Sandalen von den Füßen, entferne den Schutz und du betrittst einen heiligen Raum, einen Ort der Begegnung mit Gott, mit dem anderen, mit dir. Wie kann ich in meinem Alltag auf Schutz verzichten und heiligen Raum und heilige Geschichte überall und in jedem Menschen erkennen?

Der Schönheit begegnen. Das Gemälde von Delacroix in der Kirche Saint Sulpice in Paris, das Straßburger Münster, die Reichtümer der Architektur, die Spuren vergangener Zeiten, aber auch die Bäume, die Blumen. Die Exerzitien sind Gelegenheit, ansprechbar zu sein, mich zu öffnen für die Schönheit der Stadt.

Personen begegnen: Wirklich die Personen anschauen, die meinen Weg kreuzen: der Herr, der mir die Tür eines Kaufhauses in Straßburg aufhält und sagt: „Ich habe Zeit", Kinder die spielen, glücklich, mit ihrer Mutter. Menschen in der Tiefe begegnen. Einige Minuten, verbracht mit der kleinen Bosnierin vor Saint Sulpice, eine schweigende Frau auf der Place de Broglie in Straßburg: Erinnerungen an die Begegnung mit einer radikalen Menschlichkeit in den Gesichtern der Ärmsten. Christus begegnen in den Gesichtern der Ärmsten. Dem Leben begegnen: schön, überbordend, widerständig, einfach.

Die Begegnung hat für mich ihren Höhepunkt in der Fußwaschung: die erschütternde Erfahrung zu dienen und dass mir gedient wird. Aufmerksam sein, Menschen auf der Straße begegnen – das ist eine echte Herausforderung in meinem Alltag, wo mein Aufenthalt im öffentlichen Raum allzu oft allein das Ziel hat, so schnell wie möglich von A nach B zu kommen. Das ist mein geläufiges Leben, in allen Bedeutungen des Wortes. Kaum Verfügbarkeit, kaum Begegnungen, Augen und Ohren verschlossen. Wie kann ich Ihn hören, wie kann ich Ihn erkennen? Ihn, der unermüdlich ruft: „Brigitte, komm herunter, ich will bei dir wohnen ..."

Mich finden, mich wiederfinden, den Bund erneuern. Ich muss losgehen von da, wo ich bin, sonst komme ich nirgendwo an, sagt uns Franz von Sales. Das ist genau der Ausgangspunkt der Straßenexerzitien: am ersten Tag sich auf den Weg machen mit dem Rucksack voller Sorgen und Schritt für Schritt leichter zu werden, ansprechbar zu werden. Ansprechbar, verfügbar, um dem anderen zu begegnen, dem anderen und nach und nach mir selbst. Mir selbst gerade in dem zu begegnen, was am anderen besonders arm und beschädigt ist.

Mich mit meiner Wut zu verbinden, meiner Armut und auch mit meinem Bedürfnis zu lieben und geliebt zu werden. Weil ich mich als arm erkenne, kann ich den Bund mit meinem Schöpfer erneuern, mich erneuern in der Erfahrung, dass er bei mir ist und mich jeden Tag begleitet. Wenn ich ihn frage „Wer bin ich, das zu tun?" antwortet er mir: „Ich bin mit dir" (Exodus 3,11-12).

Gib mir die Fähigkeit, deine Liebe und Gnade zu erbitten.

Gib mir die Fähigkeit, deine Liebe und Gnade zu empfangen.

Ich will entdecken, dass ich einzigartig und geliebt bin.

Die Straßenexerzitien sind Öffnung auf eine neue

Fruchtbarkeit, ein Weg zur Erde, auf der Milch und Honig fließen.

Was nottut

ein leiser Ort (auch)

seinen Platz haben

dazu gehören

gebraucht werden

bis

sich alles

zusammen fügt

Markus Roentgen

Erfahrungen im Prozess

Nicht nur einzelne Erlebnisse und Erfahrungen während der Exerzitien auf der Straße prägen diese Zeit. Oft ist das Entscheidende der gesamte Prozess: das Nacheinander, Ineinander, Zueinander, manchmal scheinbar Gegeneinander der verschiedenen Erfahrungen, der „rote Faden“, der vielleicht irgendwann sichtbar wird. Um das zu veranschaulichen, sollen zwei Teilnehmerinnen in ihren längeren Berichten zu Wort kommen.

Marie-Odile Lampert

Überrumpelnde Begegnungen

Straßenexerzitien wurden mir als eine neue Form der Exerzitien vorgeschlagen, die das Augenmerk auch auf die Ärmsten unserer Gesellschaft lenken. Aus Solidarität mit Menschen, die sich darin üben wollen und um es weiter anbieten zu können, habe ich mich dafür entschieden. Trotzdem glaubte ich, wir würden auf der Straße als Damen eines Wohltätigkeitsvereins auftreten. Einige Tage vor Beginn der Exerzitien sah ich im Bericht eines regionalen Fernsehsenders ein Interview mit einem jungen Mann, mit dem ich vor ein paar Jahren einige spannende Begegnungen im Gefängnis hatte. Es war ihm nicht gelungen, draußen wieder Fuß zu fassen, er lebte jetzt auf der Straße. Er sprach immer noch im gleichen sanften, aber entschiedenen Tonfall. Ich wünschte mir, ihn während dieser Woche wiederzutreffen, und dachte, bei der Größe des Stadtzentrums könne das nicht so schwierig sein.

In die Stadt kam ich normalerweise zu bestimmten Zwecken: für bestimmte Einkäufe, seltener zum Besuch kultureller Veranstaltungen, jedenfalls nie ohne Ziel und ohne Grund. Ich lief sonst nur von einem Parkplatz zu dem Ort, an den ich wollte. Wie würde es wohl werden, mich sechs Stunden täglich dort aufzuhalten und mich in dieser Zeit von dem leiten zu lassen, was ich in mir spüre, aufmerksam zu sein für das, was geschieht und zu uns spricht, um Gott zu begegnen?

Nachdem wir am ersten Morgen eingeladen worden waren, uns ohne Wanderstock oder Geld, ohne jemanden zu grüßen, auf den Weg zu machen (Lukas 10), bin ich – nicht ohne ein etwas mulmiges Gefühl – auf gut Glück in die erstbeste Straße eingebogen. Eine Sackgasse – das fing ja gut an! Nein, doch nicht, ein kleiner Weg führte weiter nach rechts. Das war der Auftakt. Und diese erste humorvolle Erfahrung war befreiend. Ich ging immer weiter im Vertrauen, dass Er Bescheid weiß und mich leiten will. Abend für Abend, wenn wir den Tag vor uns passieren ließen, fand ich darin Sinn. Am ersten Tag erlebte ich auf der Straße eine Schlüsselszene für meine Suche. Ein alter Jude saß in einem Park und sah Kindern beim Spielen zu. Ich sah seinen Blick und mein Blick ging hin und her zwischen ihm und den Kindern. So entstand die Frage, die mich die ganze Woche lang beschäftigte: Was sind die Früchte meines Lebens als Single ohne Kinder, das ganz aufging in einer hyperaktiven und glücklichen Berufstätigkeit, durch die ich reisen und menschliche und kulturelle Erfahrungen machen konnte? Welchen Sinn hatte sie? Sollte ich mich nach mehr als dreißig Jahren noch einmal neu orientieren? Die Straße hat diese drängende Frage an mich herangetragen. In den ersten Tagen hat sie meine Neugier gestillt, indem ich neue Orte mit politischer, historischer oder religiöser Bedeutung entdeckt habe, die mich innerlich bereichert und meinen Horizont mit neuen Fragen und Mitgefühl erweitert haben. Ich mochte es, die Leute anzuschauen, die zur Arbeit in die Stadt kamen, auch die Touristen und genauso diejenigen, für die sie ein Ort des Nichtstuns und der Langeweile war. Nach diesem ersten Tag gab ich Gott den Namen: „Er, der uns zu einem Volk macht. Er, der mit uns ist."

Den folgenden Tag begannen wir mit der Erzählung von Mose und dem brennenden Dornbusch (Exodus 3). Wir wurden eingeladen, an die Orte zu gehen, die aufzusuchen wir keine Lust hatten. Ich ging zu einem Krankenhaus und verweilte in der Kapelle. Ich fühlte mich dort sehr unwohl und erinnerte mich mit Widerwillen an die vielen Toten, die hier aufgebahrt werden. Dann blieb ich lange vor der Psychiatrie. In mir wechselten sich, teilweise am selben Tag, starke, einander widersprechende Gefühle ab: Ich lebe!

Mit den Menschen, denen ich begegnete, entstand eine immer stärkere und mutigere Komplizenschaft, zum Beispiel vor dem Laden eines Künstlers oder auf der Terrasse eines Cafés, als mich ein Unbekannter spontan einlud. Mit der einen oder anderen führte ich lange Gespräche und immer kamen wir schnell auf existenzielle Fragen zu sprechen. Als bekäme mein Leben – mit seinen Verletzungen, seinen Ängsten, all seinen Höhen und Tiefen – Besuch. Gott macht uns zu einem Volk und eint uns mit der ganzen Menschheit. Jeden Abend erzählten wir unseren Tag. Die kleine Gruppe nahm unsere Erzählung auf, formulierte sie manchmal neu und half uns, einen Sinn darin zu entdecken. Den anderen zuzuhören, trieb uns an, weiterzugehen auf Wegen, die andere schon erkundet hatten. Aber das Erlebte war nie identisch, jeder Ort ist immer wieder neu. Meine Selbstgespräche, meine frommen, inneren Konstrukte hielten nicht der Macht dessen stand, was ich hier oder dort erspürte. Es geht darum, die Schuhe auszuziehen wie Mose vor dem brennenden Dornbusch. Die Straße ist auch abstoßend, sie ist schmutzig und hässlich. Dass wir uns an einem Abend gegenseitig die Füße gewaschen haben, verweist auf diese Realität und die extreme Menschlichkeit, die sie hervorbringt und hervorruft.

Am nächsten Tag flüchtete ich mich in einen Park am Stadtrand, aber plötzlich verspürte ich einen starken Drang, ins Stadtzentrum zurückzukehren. Er war unwiderstehlich. Mein Blick fiel auf ein Schild an einem Käfig, der auf dem Straßenpflaster stand: „Lebensgefahr". Im Käfig saß eine weiße Ratte. An diesem Tag blieb ich mehr als eine Stunde bei dem jungen Mann, dessen einzige Gefährtin diese Ratte war. Ich saß mit ihm auf dem Boden und vergaß, dass ich beobachtet oder erkannt werden könnte. Ich hörte dem jungen Mann zu und entdeckte das Leben der Obdachlosen, ein hartes, gewaltsames und unaufhörlich bedrohtes Leben. Gegenüber befand sich eine Bäckerei. Ein Mann, der dachte, etwas Gutes zu tun, brachte uns ein Brötchen: „Es ist im Geschäft auf den Boden gefallen. Ich bring es lieber euch, als es wegzuwerfen …" Seitdem habe ich nicht mehr aufgehört, meine eigene „Großzügigkeit“ und die unserer Gesellschaft zu hinterfragen.

Die Exerzitien näherten sich dem Ende und wir erinnerten uns an die Begegnung in Emmaus: „Brannte uns nicht das Herz in der Brust, als er unterwegs mit uns redete und uns den Sinn der Schrift erschloss?“ (Lukas 24,32). Dieses Mal wollte ich eine überfüllte Straße meiden, schlug aber – vielleicht darin geübt, meinen Intuitionen zu vertrauen – dennoch ihre Richtung ein. Ich stand dann vor einem bekannten Restaurant, in dem ich manchmal gute Kunden zu Geschäftsessen treffe. In einer überraschenden Umkehrung der Werte empfand ich in diesen Tagen einen gewissen Ekel davor. Plötzlich entdeckte ich gegenüber des Restaurants, unten auf dem Boden sitzend, den jungen Mann, den ich vom ersten Tag an suchte. Wie oft war ich schon vorbeigegangen, ohne ihn zu sehen? Er war sehr dünn geworden, ich erkannte ihn kaum wieder, aber er war es, stark erschöpft. Am nächsten Morgen wollte ich ihn gern zu unserem letzten Essen einladen, aber ich fand ihn nicht mehr. Wir begegneten uns noch einmal auf einer Brücke, als ich Stunden später die Stadt verließ. Musste mein Herz zuerst noch umkehren?

In dieser Woche habe ich eine bewegende Erfahrung gemacht: Ich wurde von einem starken inneren Drang zu Begegnungen geführt, die eigentlich unwahrscheinlich waren. Ich erlebte die Bewegung hin zu dem „brennenden“ Herzen meines Lebens, wo es um meine Menschlichkeit geht, wo wir zu unseren Mitmenschen – denen von der Straße, denen unserer Arbeitsplätze – als Geschwister gehören. Gleich einem Fingerzeig bin ich am ersten und letzten Tag der Exerzitien demselben Arbeitskollegen begegnet, ein Ruf nach Jerusalem, in das ich zurückkehren muss! Die Erfahrung, die wir machten, indem wir den Straßen der Stadt lauschten, hat für alle ein menschliches Gesicht bekommen. Unsere Exerzitien waren strukturiert durch die tägliche Bibellektüre, das Teilen des Brotes und unserer Lebenserzählungen, deren Sinn sich erschloss, indem wir wagten, sie mitzuteilen und indem sie von unserer kleinen Gemeinschaft der Übenden aufgenommen wurden. Diese Begegnungen haben mir ermöglicht, Ihn, der mit uns ist und aus uns ein Volk macht, im Alltag unseres Lebens zu erkennen. Was für eine Freude und was für eine Dankbarkeit, erfahren zu haben, dass Er wirklich da ist – und sehr viel öfter, als wir denken!

Auch heute noch begleitet mich diese Erfahrung, dass ich im Alltag auf der Straße geführt werde, und zwar durch einfache, aber oft genug überrumpelnde Begegnungen, wenn ich sie in meiner Zerbrechlichkeit und meiner Sehnsucht zulasse. So oft wie möglich versuche ich jetzt, die Menschen, die mir auf der Straße begegnen, anzuschauen, sie zu grüßen, sie anzulächeln, und oft hellen sich die Gesichter auf. Die menschliche und materielle Armut einiger bleibt eine offene Wunde. Im Rahmen meiner Möglichkeiten schaue ich in der Arbeit, dass jeder seine Beschäftigung behalten und unabhängig von seiner Ausbildung und seinen Kompetenzen etwas zum Leben der Firma beitragen kann. Vom Austausch, der unsere Abende geprägt hat, habe ich gelernt, dass jedes Wort einen unendlichen Wert hat, auch wenn es gekünstelt wirkt oder zögerlich. Ich fühle mich sehr arm, wenn ich jemandem nicht zuhören oder sie nicht verstehen kann. Mit all unseren Unterschieden haben wir versucht, gemeinsam zu leben. Diese Zeit der Demokratie, auch sie bleibt Zeugin eines möglichen anderen Lebens in der Gesellschaft.

Kirstin Müller

Freundlichkeit aufsammeln

Die Küche in der Naunynstraße. Wartezimmer.
„Christian kommt“, so werde ich empfangen. Freundlich. „Möchtest du einen Tee? Hier kannst du deine Tasche hinstellen. Da kannst du schlafen.“
Das Bett ist schnell bezogen. Ich sitze am Küchentisch.
Der Tee vor mir kühlt langsam ab.
Da sitzt noch eine andere am Tisch.
Da kommt noch ein anderer und kocht Tee.
Wir reden ein paar Sätze.
Wir schweigen.
Ich warte.

„Kommst du mit zu Straßenexerzitien?“, hatte mich im späten Herbst eine Freundin gefragt. „Ja. Ich begleite dich gern, auch wenn ich gar nicht genau weiß, was das sind: Straßenexerzitien.“ Jetzt musste ich sogar allein aufbrechen. Ich habe die Worte der Freundin im Ohr: „Wir sind willkommen. Und eingeladen. Du musst nichts bezahlen. Klingel einfach an der Tür. Jemand wird öffnen.“

Ich habe die Tür gefunden.
Ich habe geklingelt und jemand hat geöffnet.
„Herzlich willkommen."
In der warmen Küche sind meine Füße aufgetaut.
Und meine unruhige Seele auch.
Ein bisschen.
Ich warte.

Immer mehr Menschen kommen in die Küche. Das Abendessen will gekocht werden. „Kann ich helfen?" „Ja!" Ich schnippele Zwiebeln und Möhren. Als würde ich es das erste Mal tun. Irgendwann kommt Christian. Wir essen in großer Runde im Wohnzimmer. Reis mit Rosinen, Zwiebeln, Möhren und Orangenschalen. Wie gut das schmeckt! Ich bin fremd und ganz da. Was immer kommen will, will kommen.
So fühlt sich Willkommen an.

Später sitze ich Christian gegenüber.
Wir reden.
Wir beten.
Ich finde einen Gottesnamen:
El-Roi. – Die du mich siehst.
Er wird mich durch die Straßen begleiten.
Sie werden kalt und hell sein in den kommenden Tagen. Ich sehe viel und werde viel gesehen. „Ganz schön kalt heute", rufen mir einige biertrinkende Männer aus einer Bushaltestelle heraus zu. Sie schenken mir ein warmes Lächeln. Ich sammele es auf. Eine wilde Spatzenhorde zwitschert in einem kahlen Gebüsch vom Frühling, der kommen wird. Ich höre ihren Gesang. Unverhofft kitzelt die Wintersonne meine Netzhaut.

Eine Frau sieht mich aus einem Auto heraus an. Ich nehme ihren Blick auf. Meine Füße finden ihren Weg. Nein, meine Schuhe ziehe ich nicht aus. Aber meine Seele ist manchmal barfuß. Es bekommt ihr gut.

Werde ich sehen, was ich sehen soll?
Im Gehen löst sich das Sollen auf.
Ich gehe. Einfach. Nie mit Tasche.
Immer mit Ausweis und etwas Geld.
Für einen „Aufwärmkaffee“ unterwegs.

Straße begegnet mir freundlich.
Jeden Tag.
Es ist ein Geschenk.
Ein Wunder, finde ich.
Ich sammele diese Freundlichkeit auf.
Nehme sie wahr.
Und spüre plötzlich: Ich kann lieben.
El-Roi sieht mich.

Hätte ich jemals gedacht, dass Straße in der Großstadt so freundlich sein kann? Und dass ich immer an jemandes Hand bin? Christians Hand. Freundinnenhand. Gottes Hand. Das Wort Trostpflaster erschließt sich mir neu. Ich bin sehr weit weg von meiner Familie und gleichzeitig sehr verbunden.

Ich sitze am Küchentisch. Vor dem Ofen. Auf meinem Bett. In der Wohnung begegnen mir mehr Menschen als draußen. Alltag ist hier und Leben stellt seine eigenen Anforderungen.

Auch hier gibt es Straße,
gesehen werden wollen, sehen, gesehen werden.
Ich habe nur ein paar Tage. Doch die Zeit ist weit.
Ich bin aufgenommen und auf den Weg gebracht.
Ich bin dankbar.

Drei Jahre sind seitdem vergangen. Etwas von der Straßenerfahrung geht weiter mit mir. Und in meinem Zuhause hat ein bisschen Naunynstraße Einzug gehalten. Reis, Rosinen, Möhren, Zwiebeln, Orangenschalen. Manchmal koche ich aus diesen Zutaten ein Gericht. Nie schmeckt es genauso wie an jenem ersten Abend. Aber immer schmeckt es gut. Es wärmt meinen Körper und meine Seele.

Teil C
Reflexionen

Der Weg der Exerzitien entlang zentraler Bibeltexte

1. In die Aufmerksamkeit finden

Und nun geht! Ich sende euch wie Lämmer mitten unter Wölfe.

Nehmt keinen Geldbeutel mit, keine Vorratstasche und keine Schuhe. Und bleibt unterwegs nicht stehen, um jemand zu begrüßen (Lukas 10,3-4).

Lukas erzählt: Jesus schickt 72 Jüngerinnen und Jünger in die Dörfer, in die er noch gehen will. Er gibt ihnen Verhaltensregeln mit, die sie zur Aufmerksamkeit anhalten. Er fängt sehr klar an: „Ich sende euch in die Welt", das bedeutet „wie Schafe mitten unter die Wölfe". Das ist eine drastische Erklärung, wie er die Gefahr sieht. Und dann kommen die Konsequenzen: „Nehmt kein Futter für die Wölfe mit." Im Text steht: „Lasst den Geldbeutel weg." Die Welt schaut immer wieder auf das Geld. Tut den Geldbeutel weg, lasst ihn liegen. – Aber er kennt uns und sagt sich: Na ja, dann kauft ihr ein Überlebenspaket und packt es in den Rucksack. „Lasst den Rucksack auch weg", steht als zweite Regel dort. Und dann kommt die nächste Sicherheit, die wir weglassen sollen: unsere Schuhe. Wir schützen uns mit ihnen vor den Dornen und Glasscheiben, sichern uns aber gleichzeitig vor dem Berührt-Werden, das unseren ganzen Körper aufmerksam werden lässt. Deshalb sagt Jesus: „Lasst die Schuhe weg." Ihr müsst, wenn ihr in die Häuser geht, aus Respekt sowieso die Schuhe ausziehen. Zieht sie gleich aus. Vertagt die Aufmerksamkeit nicht nach dem Motto: Ich bin morgen aufmerksam. Und dann kommt ein vierter Rat. Er ist sehr schwierig zu verstehen. Ich wenigstens habe lange dafür gebraucht, darin eine Botschaft für mich zu hören: „Grüßt niemand unterwegs." Dieser Rat löst Widerstand aus. Eine ältere Frau hat richtig geschrien, als ich den Text vorgelesen habe. „Ich will doch nicht unhöflich sein", sagte sie. Damit hatte sie den wichtigen Punkt angesprochen: Wir müssen auf dem Weg in die Aufmerksamkeit aus unseren Gewohnheiten, aus dem blockierenden „Man muss doch", aussteigen. Andernfalls stoßen wir nicht auf das Neue, also auf das, was uns den Blick neu öffnet für die Wirklichkeit. Wir steigen sonst nicht aus den Vorurteilen aus, aus dem, was wir immer für richtig hielten.

2. Die Sehnsucht hinter dem Ärger entdecken

Hagar rief: „Habe ich wirklich den gesehen, der mich anschaut?" Und sie gab dem HERRN, der mit ihr gesprochen hatte, den Namen „Du bist der Gott, der mich anschaut" (Genesis 16,13).

Zippora gebar einen Sohn, und er gab ihm den Namen Gerschom, indem er sagte: Ein Fremder bin ich in einem fremden Land geworden (Exodus 2,22).

Hinter unserem Ärger liegt jeweils die Sehnsucht, dass es anders sein soll. Ein Beispiel: Sarah, Abrahams Frau, und ihr Mann kommen überein, dass sie die ägyptische Magd Hagar als eine Ersatzmutter bestellen, damit sie das Kind bekommt, das ihnen von Gott verheißen ist. Diesem enormen Vertrauensbruch folgt, dass die schwangere Frau in große Schwierigkeiten gerät. Sie wird so schlecht behandelt, dass sie lieber in die Wüste geht, obwohl sie dort keine Überlebenschancen hat (Genesis 16). Sie läuft und läuft, bis sie an einem Brunnen sitzen bleibt und nicht mehr weiter kann. Da wird sie angesprochen und gefragt: „Woher kommst du und wohin gehst du?" Vorbildlich, auch für die Übenden auf der Straße, sagt sie ganz ehrlich: „Ich bin meiner Herrin davongelaufen." Daraufhin sagt der Fragende, der in der Bibel als Engel bezeichnet wird: „Geh zurück zu deiner Herrin und ertrage ihre harte Behandlung!" Aber er gibt ihr auch eine Verheißung mit: „Deine Nachkommen will ich so zahlreich machen, dass man sie nicht zählen kann." Sie wird einen wilden Sohn bekommen, den sie Ismael, „Gott hört", nennen soll: „Denn der Herr hat auf dich gehört in deinem Leid." Daraufhin nennt Hagar Gott El-Roi: „Gott, der nach mir schaut". Sie sagt nämlich: „Habe ich hier nicht nach dem geschaut, der nach mir schaut?" Das ist wohl der erste Name Gottes, der in der Bibel auftaucht. Und es ist auch noch eine ägyptische Frau, die diesen ersten Gottesnamen in der Bibel einführt. Auch dem Brunnen, an dem sie sitzt, gibt sie einen Namen: „Brunnen des Lebendigen, der nach mir schaut". Hinter ihrem Ärger und ihrer Verzweiflung liegt die Verheißung, dass nach ihr geschaut wird. Und mit dieser Verheißung kann sie zurückkehren und das Kind austragen.

Anfangs empfinde ich diese Antwort des Engels als unverschämt: Geh zurück! Lass dich weiter quälen! Doch das ist nicht die einzige Antwort. Ihr wird zugesagt, sie werde einen Sohn, den Stammvater eines ganzen Volkes, bekommen. Das ist eine riesige Verheißung: Aus dem Unrecht, das dir angetan wurde, werde ich etwas Gutes hervorgehen lassen. Dahinter steckt der Rat: Höre auf deine unerfüllte Sehnsucht, die in deiner Verzweiflung sichtbar wird.

In einem zweiten Beispiel wird die Sehnsucht eines Mannes offenbar: Mose, ein politischer Flüchtling, wird in der Fremde aufgenommen, doch er assimiliert sich nicht in der Religion seines Gastvolkes. Er heiratet und seine Frau Zippora gebiert einen Sohn. Er nennt ihn Gerschom, „Gast in der Fremde", also „Gast in einem fremden Land". Darin wird seine Sehnsucht deutlich: Er ist immer noch unterwegs, um seine Heimat zu suchen oder sein Heimatvolk, von dem er weglaufen musste, weil er einen Ägypter erschlagen hatte. Diese Sehnsucht erfahren wir in dem Namen, den er seinem Sohn gibt.

3. Sich der Sehnsucht anvertrauen

Mose sagte zu Gott: „Wenn ich nun zu den Leuten von Israel komme und zu ihnen sage: Der Gott eurer Vorfahren hat mich zu euch geschickt, und sie mich dann fragen: Wie ist sein Name? Was soll ich ihnen sagen?"

Gott antwortete: „Ich bin da", und er fügte hinzu: „Sag zum Volk Israel:

Der Ich-bin-da hat mich zu euch geschickt" (Exodus 3,13-14).

Seine Sehnsucht lässt Mose als achtzigjährigen Mann über die Grenze seines gewohnten Lebensbereiches gehen. Mose weidete die Schafe und Ziegen seines Schwiegervaters. Eines Tages führte er die Herden über die Steppen hinaus und kam zum Gottesberg Horeb. Ein professioneller Schafhirte geht nicht in die Wüste, wo es kein Futter und kein Wasser für die Tiere gibt. Er geht über diese Grenze ... Das ist der Schritt in die Exerzitien: Aus meinem Bereich, den ich kenne, in dem ich mich auch durch Vorurteile orientieren kann, wo die Aufmerksamkeit nicht so hoch sein muss ... gehe ich heraus. Ich gehe über diese Grenze.

Und prompt sieht Mose etwas, das die Einheimischen gar nicht sehen können: Er sieht einen Dornbusch, der brennt, aber nicht verbrennt! Die Leute in der Wüste haben selbst entzündende Dornbüsche schon so oft gesehen, dass sie gar nicht mehr genau hinschauen. Doch Mose schaut hin: Warum brennt dieser Dornbusch und verbrennt doch nicht? Das fragt er sich! Und jetzt kommt der für ihn und uns alle entscheidende Schritt: Er wird neugierig und geht hin, um sich die Angelegenheit genauer anzusehen. Damit ist die entscheidende Aufforderung der Straßenexerzitien genannt: Geh!

Irgendwo auf dem Weg hört Mose seinen Namen. Er fühlt sich angesprochen und antwortet: „Hier bin ich!" Nicht immer werden wir bei den Straßenexerzitien unseren Namen hören, aber wir merken: Hier ist der Ort, an dem ich aufmerksam werden soll. Vielleicht vor einem Gefängnis oder vor einem Graffito an einer Hauswand oder auch im Gespräch mit einem Menschen auf der Straße.

Mose spürt: Komm nicht näher heran! Leg deine Schuhe ab, denn hier ist heiliger Boden! – Heiliger Boden heißt für mich: Sei aufmerksam, was jetzt passiert. Dir wird eine Antwort auf deine existenziellen Fragen gegeben. – Und Mose zieht seine Schuhe aus! Daher: Sei aufmerksam auf das Alltägliche, auf unnütze „Dornbüsche“, die brennen und nicht verbrennen. Du kannst sie entdecken, wenn du hinschaust. Das muss nichts Großes sein. Es ist das, was dich anspricht. Deshalb finden wir diese Orte nicht durch Überlegungen, sondern wir spüren: Da ist etwas, das in meinem Leben offen ist und noch eine Antwort braucht. Und die Übenden überwinden ihre Distanz zur Wirklichkeit. Das sind die Schuhe, die bei jedem ein bisschen anders aussehen. Der eine hat vielleicht hochhackige Schuhe und guckt auf die Landschaft hinunter. Der andere trägt Turnschuhe, mit denen er vor Konflikten wegläuft. Jeder geht individuell auf Distanz zur Wirklichkeit. Wir tragen verschiedene Schuhe, die wir ausziehen müssen, wenn wir aufmerksam werden wollen!

Der nächste Schritt in der Geschichte von Mose ist: Gott stellt sich vor als der Gott seiner Väter. Daraufhin bekommt Mose Angst! Er verhüllt sein Angesicht, er fürchtet sich. Das kann uns auch passieren. Dass wir vor einer Babyklappe stehen und hingucken und Angst bekommen, dass wir im Wege stehen und ein Kind, das da hineingelegt werden soll, nicht gerettet werden kann. Wir suchen nach dem angemessenen Abstand zu dem herausfordernden Objekt oder der Person, der wir begegnen.

In der weiteren Erzählung wird deutlich: Gott hat die Not seines Volkes gesehen. Auf dem heiligen Boden brauchen wir Gott nicht zu überreden, unsere Not zu sehen. Sie ist schon gesehen. Wir können loslassen – nicht nur die Schuhe. Öffnen wir unser Herz für das, was jetzt passiert. Mose bekommt einen Auftrag, der unglaublich ist: Er soll sein Volk aus der Sklaverei befreien! Als wenn Gott nicht wüsste, dass Mose aus Ägypten weglaufen musste, weil er einen Ägypter erschlagen hatte und auf das Aufbegehren des Volkes hoffte. Doch er wird gerufen und fragt Gott daraufhin: Wer bist du eigentlich, wie heißt du denn? Und daraufhin bekommt er die Ausrichtung, die für die Menschwerdung jedes Menschen wichtig ist. Er hört den Namen des Lebens: Ich bin der „Ich bin da!“. Das ist sein Name Gottes. Aber es wird auch der Name für seine Nachkommen. Mit ihm treten wir Menschen in die Aufmerksamkeit, in die Gegenwart, in das Jetzt ... und lassen unsere Distanz zu unserem eigenen Dasein und zu dem Ich-bin-da los. Wir brauchen nicht immer wieder an der Gegenwart vorbeizulaufen, in den Zielen für morgen hängen zu bleiben oder in der Aufarbeitung unserer Taten von gestern, sondern können wirklich sagen: Ich bin da. Jetzt und morgen wieder. Und darum geht's in den Straßenexerzitien: Einfach da zu sein, auf der Straße zu sein und wahrzunehmen. Diese dreitausendfünfhundert Jahre alte Geschichte bringt das Entscheidende in wenigen Sätzen auf den Punkt.

4. Jesus steht in seinem Leben mehrfach vor einem Dornbusch

Die Schriftgelehrten und Pharisäer brachten eine Frau, beim Ehebruch ergriffen, stellten sie in die Mitte und sprachen zu ihm: Meister, diese Frau ist auf frischer Tat beim Ehebruch ergriffen worden. Mose aber hat uns im Gesetz geboten, solche Frauen zu steinigen. Was sagst du? Das sagten sie aber, ihn zu versuchen, damit sie ihn verklagen könnten. Aber Jesus bückte sich und schrieb mit dem Finger auf die Erde. Als sie nun fortfuhren, ihn zu fragen, richtete er sich auf und sprach zu ihnen: Wer unter euch ohne Sünde ist, der werfe den ersten Stein auf sie. Und er bückte sich wieder und schrieb auf die Erde. Als sie aber das hörten, gingen sie weg, einer nach dem andern, die Ältesten zuerst; und Jesus blieb allein mit der Frau, die in der Mitte stand. Jesus aber richtete sich auf und fragte sie: Wo sind sie, Frau? Hat dich niemand verdammt? Sie antwortete: Niemand, Herr. Und Jesus sprach: So verdamme ich dich auch nicht; geh hin und sündige hinfort nicht mehr. (Johannes 8,3-11)

Der brennende Dornbusch vergegenwärtigt die brennende und nicht verbrennende Liebe Gottes. Jesus steht vor einem solchen Dornbusch, als eine Frau zu ihm gebracht wird, die beim Ehebruch ertappt worden sein soll. Er beginnt nicht zu diskutieren, ob der Vorwurf richtig oder falsch ist. Es steht nur eine Person vor ihm. Ehebruch kann nur zu zweit geschehen. Wo ist denn der Mann, der mit auf die Anklagebank gehört? Jesus lässt sich nicht zum Richter machen. Er zieht gewissermaßen seine Schuhe aus. Er bückt sich vor der Frau und schreibt mit dem Finger auf die Erde. Doch die Ankläger lassen nicht locker. Irgendwann richtet sich Jesus aus der Meditation auf und sagt einen entlarvenden Kindersatz: „Wer von euch ohne Sünde ist, werfe als Erster einen Stein auf sie." Sich hinter eine solch einfache Kinderantwort zu stellen, ist das Geheimnis des Schuheausziehens vor dem brennenden Dornbusch. Wir sehen etwas, das nicht die Frucht unserer Reflexion ist, sondern das aus der Situation selbst spricht. Die Antwort ergibt sich aus Jesu Liebe zu der angeklagten Frau.

Was fordert mich in dieser Geschichte heraus? Ich weiß nicht, was Jesus in den Sand schreibt während seiner Kontemplation mitten in den öffentlichen Beschuldigungen. Jesus verurteilt nicht, er nimmt sich Zeit. Er schaut genau hin und entdeckt eine Antwort.

In der Tradition wird vermutet, Jesus habe den Gottesnamen in den Sand geschrieben. Aber er könnte auch der Frau etwas geschrieben haben. Was auch immer es war, in jedem Fall war es ein inneres Sammeln auf die Situation hin. Jesus bückt sich dort, wo die Steine auch ihn treffen würden. Die Antwort lässt nicht lange auf sich warten: Die Ältesten gehen als Erste, zum Schluss gehen die Heißsporne, die Jüngeren. Sie merken, dass sie genauso Sünder sind. Da richtet sich Jesus auf und fragt die angeklagte Frau: „Wo sind sie geblieben? Hat dich keiner verurteilt?" Auch Jesus verurteilt die Frau nicht. Doch gibt er ihr einen Rat („Geh und sündige nicht mehr"), wie auch wir ihn einem Alkoholiker geben könnten, nämlich zu den Anonymen Alkoholikern zu gehen. Dieser Satz zerstört das Gespräch nicht und auch nicht die Ehrfurcht vor dem anderen.

5. Das Gewand ablegen und zum anderen aufschauen: die Fußwaschung

Als Jesus ihnen die Füße gewaschen, sein Gewand wieder angelegt und Platz genommen hatte, sagte er zu ihnen: Begreift ihr, was ich an euch getan habe? Ihr sagt zu mir Meister und Herr und ihr nennt mich mit Recht so; denn ich bin da. Wenn nun ich, der Herr und Meister, euch die Füße gewaschen habe, dann müsst auch ihr einander die Füße waschen. Ich habe euch ein Beispiel gegeben, damit auch ihr so handelt, wie ich an euch gehandelt habe (Johannes 13,12-15).

Ein anderes Beispiel im Leben Jesu: Er wäscht seinen Jüngern die Füße. Dort ist dieses Abstreifen der Schuhe anders ausgedrückt. Dort wird gesagt: Er steht auf und legt sein Gewand ab und umgürtet sich mit einem Leinentuch. Also wieder: in eine Situation der Verletzlichkeit gehen und in einen wenig geachteten Dienst. Jesus macht sich verletzlich, indem er zum Diener wird. Und da kommt auch schon Widerstand von Simon Petrus. Aber Jesus bleibt dabei, dass er sich in die Abhängigkeit begibt. Als er fertig ist mit der Fußwaschung, gibt er noch eine Erklärung: „Begreift ihr, was ich an euch getan habe? Ihr sagt zu mir Meister und Herr – und ihr nennt mich mit Recht so – denn ich bin da. Wenn nun ich, der Herr und Meister, euch die Füße gewaschen habe, dann solltet ihr das auch tun." Das ist das Zentrum der Straßenexerzitien: zu entdecken, dass ich nicht anders bin als der, auf den ich runtersehe; zu entdecken, dass ich das auch bin. In diese Gleichheit als Mensch einzutreten und nicht den anderen zu versklaven und sich für größer zu halten, sondern in die Gleichheit zu kommen, ja, sogar in das Aufsehen zum anderen – darin liegt das Geheimnis. Das Beispiel der Fußwaschung macht es nochmals deutlich.

Als besondere Herausforderung bei den Straßenexerzitien erlebe ich, dass viele Menschen mit dem Gedanken kommen, jetzt mit Obdachlosen reden zu müssen. Mit welcher Einstellung soll ich diesen Menschen begegnen? Gehe ich als ein besonders frommer Mensch auf sie zu, der jetzt aus moralischen Gründen einmal mit einem Obdachlosen redet? Oder gehe ich irgendwie als Sozialarbeiter_in auf ihn zu und biete Hilfe an? Oder wünsche ich mir eine freundschaftliche Begegnung? Oder gehe ich als eine Person, die einfach eine Begegnung annimmt? Diese Zeremonie der Fußwaschung, wie wir sie bei vielen Kursen machen, schließt diesen zentralen Prozess der Straßenexerzitien ab.

6. Jesus, das Feuer im Dornbusch

Jesus kam heraus; er trug die Dornenkrone und den purpurroten Mantel. Pilatus sagte zu ihnen: Seht, da ist der Mensch! (Johannes 19,5)

Ich finde einen kleinen Dornbusch im Neuen Testament. Nachdem Jesus gefoltert wurde, kommt Pilatus und sagt: „Seht, was für ein Mensch." In diesem Moment steht Jesus vor dem Volk, trägt die Dornenkrone und einen purpurroten Mantel. Pilatus sagt: „Seht, da ist der Mensch. Ich habe keine Schuld an ihm gefunden." Jesus, dieses Feuer der Liebe, sieht uns aus dem – brennenden, aber nicht verbrennenden – Dornbusch an. Er spricht nicht mehr. Hier wird für mich die Geschichte von Mose vor dem Dornbusch wieder aufgenommen. Diesmal stehen wir vor Jesus. Die Kontinuität der Heilsgeschichte ist für mich ganz deutlich da. Dieser mystische Blick bringt die unterschiedlichen Situationen zusammen, wie schon oft in den Exerzitien.

7. Auch zu Hause im Hören bleiben

Am gleichen Tag waren zwei von den Jüngern auf dem Weg in ein Dorf namens Emmaus, das sechzig Stadien von Jerusalem entfernt ist. Sie sprachen miteinander über all das, was sich ereignet hatte. Während sie redeten und ihre Gedanken austauschten, kam Jesus hinzu und ging mit ihnen. Doch sie waren wie mit Blindheit geschlagen, sodass sie ihn nicht erkannten. Er fragte sie: Was sind das für Dinge, über die ihr auf eurem Weg miteinander redet? Da blieben sie traurig stehen (Lukas 24,13-17).

In der Geschichte der beiden, die nach Emmaus zurückgehen, kommt ein Name vor: Kleopas. Die zweite Person hat keinen Namen. Aber Johannes berichtet von den drei Frauen, die unter dem Kreuz stehen. Dort steht, dass Maria, die Frau des Kleopas, dabei ist. Wenn die beiden Personen ein Ehepaar sind, die da nach Emmaus gehen, dann haben die beiden nach der Auferstehung ein Bedürfnis, als Paar darüber zu reden, was sie nun wirklich glauben. Dass das gar nicht geht, die Auferstehung? Oder, dass die Frauen vielleicht doch recht haben? Sie gehen nach Hause. Sie müssen aus der zur

Gewohnheit, zur Routine gewordenen Gemeinschaft der Apostel herausgehen, um untereinander zu reden. Sie sind von Blindheit geschlagen, steht im Text. Als ein Fremder kommt und fragt, worüber sie reden, bekommt dieser eine ziemlich patzige Antwort. „Bist du der Einzige, der die Verzweiflung nicht mitbekommen hat? Bist du so fremd in Jerusalem, dass du nicht weißt, was in diesen Tagen geschehen ist?" Er fragt zurück, wie das so auf der Straße ist. Diese abwertende Antwort nimmt Kleopas ein wenig zurück. Er merkt, dass er da einen Schritt zu weit gegangen ist, und Kleopas erklärt ihm, was passiert ist. Wie man das einem Fremden erklärt, der keine Ahnung hat. Aber der andere hat Ahnung. Auch wenn er obdachlos oder Alkoholiker ist. Er hat eine Antwort. Und so antwortet der Fremde und erklärt ihnen: Habt ihr die Propheten denn gar nicht verstanden? Habt ihr sie nicht mit dem Herzen gehört? Nur mit dem Intellekt? Und er erklärt ihnen all die Weissagungen, die sich erfüllt haben. Da merken die beiden, dass sie diesen Fremden nicht einfach ziehen lassen können. Sie beginnen wieder, ihre eigene Not zu sehen, und nötigen den Fremden zu bleiben. Ein paar Verse später lesen wir, dass er der Gastgeber geworden ist. Also der Wechsel der Rollen ist passiert, wie er auf der Straße oft geschieht, wenn wir uns darauf einlassen.

Ich höre da noch etwas: Jesus ist einerseits einer dieser Fremden, denen wir auf der Straße begegnen. Auf der anderen Seite ist Jesus der Begleiter der Straßenexerzitien, der durch Nachfragen herausfordert, die Erfahrungen in Sprache zu bringen, die da gerade passieren. Dabei wandeln sich die Ereignisse in ein Innewerden, das Zukunft eröffnet. Genau das ist die Erfahrung bei Straßenexerzitien. Zu den Begleitenden zähle ich diejenigen, die zu den Kursen einladen und sie anleiten, aber auch die Teilnehmer_innen untereinander und die Leute auf der Straße. Sie sind Begleitende, ohne es zu wissen. Und so ist es in der Emmausgeschichte auch. Ein fremder Mensch begleitet sie und öffnet ihnen die Augen – und dann wird er derjenige, der ihnen das Brot bricht. Der also genau das tut, woran wir Christus erkennen können.

Sofort danach ist er nicht mehr zu sehen. Man kann eine Erfahrung nicht festhalten. Das ist ja eine Erfahrung, die wir auf der Straße immer wieder machen. Jetzt können die beiden nicht mehr bleiben. Sie kehren in ihre Gemeinschaft zurück. Sofort gehen sie ein zweites Mal auf die Straße; von Emmaus, unserem Übungsort des Gewahrwerdens, nach Hause in die Gemeinschaft der Apostel in Jerusalem zurück.

Dort kommen sie nicht an, um groß zu erklären, dass sie jetzt die sind, die alles wissen und die den anderen erklären müssen, dass Jesus wirklich auferstanden ist. Nein, sie bleiben im Zuhören. Sie bleiben in der Wahrnehmung und hören, wie Petrus ihnen sagt, dass er Jesus begegnet ist. Daraufhin können sie sagen: Wir haben so etwas auch erlebt. Das ist die Antwort. Wenn ich zuhöre, bestätige ich mein Gegenüber. „Da erzählten auch sie, was sie unterwegs erlebt und wie sie ihn erkannt hatten, als er das Brot brach." Dann tritt Jesus in ihre Mitte. Wenn wir also in der Aufmerksamkeit bleiben, dann kann Jesus auch wieder in unsere Mitte treten. Und er wünscht uns den Frieden. Obwohl sie jetzt das alles wussten, sind sie wieder in der Angst. Das ist also nicht etwas, was ich endgültig weglegen kann; der Prozess beginnt immer wieder von vorne.

Und er endet damit, dass ihnen Jesus sagt: „Habt ihr überhaupt nichts zu essen für mich?“ Und dann geben sie ihm ein Stück gebratenen Fisch (Johannes 21,1-14). Er nimmt es und isst es vor ihren Augen, um ihnen zu sagen: Ich bin kein Geist, sondern Ich-bin-da, das ist Realität.

Weihnachten auf der Straße: Theologische Reflexionen

In dieser Reflexion will ich versuchen, das Heilsgeschehen, in das hinein Gott uns Menschen beruft, mit Seiner Menschwerdung in Verbindung zu setzen. Das will ich mit Erfahrungen verweben, die wir in den von uns 2012 erstmals angebotenen Straßenexerzitien zu Weihnachten gemacht haben.

Gott ruft uns in Seine Geschichte hinein, das ist wie ein Schöpfungsakt, eine neue Geburt, die uns in die Menschwerdung Gottes hineinnimmt. Dazu ist es allerdings notwendig, dass wir ein Stück aus dem schon-immer-Gewussten, aus unseren Sicherheiten und auch aus dem Vertrauten heraustreten. Die Weihnachtsgeschichte lädt dazu in hingebungsvoller Weise ein: Gott selbst macht es uns vor. Er bricht auf, tritt aus Seinen Daseinsformen heraus, macht sich verwundbar, wird Mensch. „Weihnachten auf der Straße“ lädt uns ein, Weihnachtszimmer, Festtagsbraten oder Tannenbaum einmal wegzulassen, um uns diesem Geheimnis zu öffnen.

Mensch werden aus dem Einssein

Gott selbst macht es uns vor: Er bricht auf, tritt aus seinen Daseinsformen heraus, macht sich verwundbar, wird Mensch.

Am Anfang war das Wort. Das Wort war bei Gott, und in allem war es Gott gleich. Von Anfang an war es bei Gott. Alles wurde durch das Wort geschaffen; und ohne das Wort ist nichts entstanden. In ihm war das Leben und dieses Leben war das Licht für die Menschen. Das Licht strahlt in der Dunkelheit, aber die Dunkelheit hat sich ihm verschlossen.

Das wahre Licht, das in die Welt gekommen ist und nun allen Menschen leuchtet, ist Er, der das Wort ist. Er, das Wort, war schon immer in der Welt, die Welt ist durch ihn geschaffen worden, und doch erkannte sie ihn nicht. Er kam in seine eigene Schöpfung, doch seine Geschöpfe, die Menschen, wiesen ihn ab. Er, das Wort, wurde ein Mensch, ein wirklicher Mensch von Fleisch und Blut (Johannes 1,1-5.9-11.14a).

Gott ist Einheit, der all-eine Seinsgrund, aus dem alles ist, was ist. Wir kommen aus der Einheit Gottes und bleiben geborgen in Seiner Liebe. Oder anders ausgedrückt: Er hat uns im Mutterleib bereitet (Ps 139) und gibt uns in die Welt. Als Kinder leben wir noch eine ganze Zeit im Einssein, wenn wir selbstvergessen spielen, lachen, weinen – wenn wir Geborgenheit erleben und Vertrauen erfahren. Und auch als Erwachsene spüren wir manchmal in besonderen Momenten dieses Einssein mit allem, was ist, mit uns selbst, der Welt, mit

Gott. Dann sind wir ganz in der Liebe, im Frieden, sind mit unserem ganzen Sein mit Ihm verbunden, mit allem, was ist.

Jesus betet vor seiner Hinrichtung. Er bittet Gott um das Einssein mit denen, die ihm nachfolgen. So bittet er auch für uns, und da er eins mit Gott ist, ist diese Bitte erhört: *„Sie alle sollen eins sein, so wie du, Gott, in mir bist und ich in dir. Sie sollen in uns sein, damit die Welt glaubt, dass du mich gesandt hast. Ich bin in ihnen und du bist in mir, sodass sie zu einer Einheit vollendet werden“* (Johannes 17,21.23a).

Tief in uns liegt die Sehnsucht nach Verbundenheit, nach Gemeinschaft und Zugehörigkeit. Sie drückt sich in Gruppen und Vereinen, in den Kirchen und Familien und auch in den Religionen aus. Schon das Wort Religion kann man herleiten vom lateinischen Begriff *religare* = rückverbinden oder wieder verbinden. Wir sind auf der Suche nach Liebe, der Urverbindung, der Urzugehörigkeit, die uns stärkt, ermutigt, uns Sinn, Sicherheit, Orientierung und Hoffnung gibt; die uns wieder verbindet mit dem Seinsgrund, der Quelle, die wir Gott nennen.

Von den Bruchstellen zum Aufbruch

Doch der Weg ist zunächst nicht leicht zu finden, scheint zugebaut zu sein. Im Laufe unseres Lebens haben wir die unterschiedlichsten Verletzungen (unseres Vertrauens) erlitten, haben Erfahrungen gemacht mit

Trennungsschmerz, Gewalt oder Verlust, haben uns beiseitegeschoben, verurteilt oder unbeachtet gefühlt, merkten, wie verwundbar wir sind. Darauf reagieren wir (oft) mit Angst, um uns selbst zu schützen, stecken allzu Schmerzhaftes weg, um leben zu können. Doch damit schneiden wir auch einen Teil von unserem Selbst ab, vom Urgrund des Seins, von Gott. Das zeigt sich bei jedem Menschen anders, doch Brüche und schmerzhafte Erfahrungen gibt es in jedem Leben.

Wie finden wir unseren Weg? Sind wir Gefangene unserer selbst oder Opfer unserer Lebensbedingungen? Wo ist die viel beschriebene Freiheit? Wie höre ich die frohe Botschaft? Die persönlichen Erfahrungen von Weihnachten verdichten mein Hinsehen und Spüren jetzt. Warum löst Weihnachten in mir manchmal so starke Gefühle von Ärger, Einsamkeit oder Fremdheit aus? Wie kann ich diesem Fest „stimmig" begegnen? Wie finde ich zurück zu Staunen, Freude und Frieden? Wie kann *in mir* Weihnachten geschehen?

Die Weihnachtsgeschichte aus dem Lukasevangelium (Lukas 2,1-20) sprudelt über vor Straßenbildern und Motiven, die tief in uns lebendig sind. Es werden uns, wie wir es auch in den Straßenexerzitien erleben, „gebrochene" Bilder mit gegensätzlichen Elementen vor Augen gemalt:

der arme Hirte auf dem Feld – (und:) der Engelschor

der Versorger-Vater – (und:) machtlos, auf Träume hörend

das Gotteskind – (und:) abgedrängt, im Stroh

die begnadete Mutter – (und:) geplagt von Stallgeburt und Flucht

Gott – (und:) als Mensch geboren.

Wie können Brüche geheilt, der „Sund“, die Schlucht überwunden werden? Wie kann die Trennung von Gott zu Wieder-Verbundenheit und Vertrauen führen? Die Exerzitien auf der Straße gehen an die Bruchstellen und rufen zum Aufbruch. Die Bilder der Weihnachtsgeschichte kommen uns dabei ganz nah:

Joseph bricht auf mit Maria. Wandert mit der Hochschwangeren nach Bethlehem.

Joseph wollte Maria verlassen, doch im Traum spricht ein Engel zu ihm: Nimm sie zu dir. Fürchte dich nicht.

Den Hirten auf dem Feld verkünden die Engel in Kälte und Dunkelheit die unglaubliche Botschaft von Befreiung, Erlösung und Frieden: Brecht auf, kommt und seht! – Wo höre ich das heute? Wenn ich in meinen Ängsten, in Wut, Unversöhnlichkeit und Schuldgefühlen feststecke, wenn ich in mir andauernde Traurigkeit oder Selbstüberschätzung und Überanstrengung wahrnehme und in diese Ur-Verbundenheit zurückfinden will, ist es nötig, eine Art Kehrtwende zu vollziehen. Ich muss umkehren von einem äußeren Tun – vom Bewerten, von dem Druck zu handeln, zu organisieren und zu leisten – hin zur Wirklichkeit, wie sie sich mir jetzt zeigt. Das ist eine bewusste Hinwendung zum Sein selbst.

Indem ich ohne Tagesplan auf die Straße gehe – in Stille und Achtsamkeit, vielleicht auch ohne Geld – lasse ich eine Leere in mir zu, die mir den Weg ins Schauen öffnen kann. Wer wird mir zum Engel auf der Straße? Wen sehe ich? Wen höre ich? Oder bin ich eine Hirtin, die jemandem auf der Straße begegnet? Vielleicht entdecke ich mich selbst, meinen Schmerz, meine Wahrheit im Gesicht eines Menschen?

Während der Exerzitien auf der Straße gehe ich an Bruchstellen, an mir vielleicht unbequeme Orte: an stachelige und brennend heiße Dornbüsche; an Orte, die mich etwas spüren lassen von meiner Unverbundenheit. Diese Orte können mir zeigen, wo tief in mir dieser Trennungsschmerz ist, wo ich verletzt und allein gelassen bin. Sie können mich hineinnehmen in ihren Schmerz, in ihre Zerrissenheit, in ihre Blöße, in das, was mir fremd vorkommt, aber tief in mir vorhanden ist.

Mitten im Schmerz: Gottes liebende Augen schauen mich an

Der Stall: unwürdig des Gotteskindes; letzte Zuflucht, Un-Ort des Jahres, schmutzig und kalt, kein guter Platz für eine Geburt; kein Willkommensgruß an der Tür, keine heiße Suppe.

Joseph: immer wieder abgewiesen – draußen bleiben vor der Tür, nicht dazugehören, keinen Einlass finden. Seine Straßenerfahrung: Ich bin hier nicht erwünscht. Kein Platz für mich und mein (uneigennütziges) Anliegen.

Im Schauen wächst Einsicht. Das Trennende wird schmerzlich bewusst in der Erkenntnis dessen, was das ist, das mich von der Einheit, von der Liebe fernhält. Die leise Stimme der göttlichen Gegenwart in mir hilft mir innezuhalten und zu lauschen. Was sehe ich? Wie nehme ich mich wahr? Was trennt mich von mir selbst?

Achtsamkeit und die liebevolle Wahrnehmung sind die Schlüssel, um aus meiner Unversöhntheit und meiner Unverbundenheit zur Verbundenheit zu finden. Ich darf achtsam sein, mich mit Gottes liebenden Augen ansehen (lassen) und mich selbst liebevoll wahrnehmen. Alles darf sein, wie es ist! Ohne dass ich in diesem Moment selbst etwas ändern oder reparieren müsste. Und dadurch geschieht dank Seiner Hilfe bereits Veränderung. Es ist Heilsgeschehen, einfach dort zu sein und es zuzulassen.

Maria: hochschwanger unterwegs. Sie erwartet Christus in sich, sucht den Ort, der sie beherbergt, sucht Raum, an dem sie neues Leben gebären kann. Vielleicht strahlt das Licht der bevorstehenden Geburt in ihr; vielleicht ist sie froh in der Hoffnung auf das verheißene Kind. Licht in der Dunkelheit.

Es braucht sich hier und jetzt niemand heilig zu fühlen. Ich will mich so, wie ich bin, in Gottes Licht stellen und mich von Ihm/Ihr verwandeln lassen. Ich öffne dieser Liebe mein Herz, nehme die Verbindung, die da ist (!), bewusst wahr, vertraue mich an.

Der nackte Boden unter meinen Füßen – hier spüre ich Verbundenheit, weil ich so da sein darf, wie ich bin, mit meinem Schmerz, meinen Verletzungen und Wunden, meinem Unheil (sein), aber auch mit all dem Schönen, sich Verwandelnden, Heilenden: Plötzlich kann eine tiefe, innere Freude wach werden. Gerade an diesen Un-Orten, diesen Orten des Schmerzes – gerade da kann in mir eine Kraftquelle zu sprießen beginnen. Der Schmerzort in mir kann zum Quellort werden, zu einem Meilenstein, an dem mein Leben, meine Berufung, mein Charisma neu geboren werden.

Joseph: Aufnahme finden im Einfachsten, beherbergt sein im Vorübergehen, im Provisorium. Annehmen, ankommen – ja, so darf es sein.

Die Straße, genau dieser Ort zeigt mir, dass ich nicht allein bin. Gott spricht: jetzt, hier bin ich zutiefst mit dir verbunden. Ich habe deine Not gesehen: Ich-bin-da.

Die heilende Gegenwart der Liebe

Der Stall: Engel, Licht, Geborgenheit am „Unort" – der heilige Boden.

Hier, heute und jetzt beginnt neues Leben in mir: Christus ist geboren, der Heiland. Vielleicht verstehe ich noch nicht, was geschieht in dem Moment.

Die Hirten kommen anzubeten. Radikale Unterbrechung im Alltag. Ich bin nicht allein, bin unterwegs mit anderen. Die kleinen Gaben, das ehrfürchtige Knien, staunen über das Geschenk, das Wunder neuen Lebens.

Vielleicht bin ich erst mal überwältigt und habe genug damit zu tun, meine Gefühle zuzulassen und zu sortieren. Am Abend jedoch, wenn die Erfahrungen des auf der Straße Erlebten geteilt werden, wenn ich in der kleinen Runde erzähle, erfahre ich *Zugehör*-igkeit – indem mir *zugehört* wird. An diesem Ort kann es geschehen, dass ich das Erlebte begreife, dass ich es würdigen kann und selbst Worte, neue Deutungsmöglichkeiten finde. Das ist ein Geheimnis – das Geheimnis der heilenden Gegenwart der Liebe. Es geschieht Heilung, neues Leben beginnt.

Gesellschaftliche Kontexte: Die Ökonomie der Straßenexerzitien

Die Ökonomie der Gabe

Zehn Tage Schweigeexerzitien mit einfacher Übernachtung im Gruppenraum, gemeinsamem Frühstück und Abendessen. Kosten für die benötigten Lebensmittel: fünfundzwanzig Euro. Was ist gemeint: fünfundzwanzig Euro pro Tag? Das wäre ein günstiger Tagessatz, mit dem selbst einfache Jugendbegegnungshäuser heute nicht mehr auskommen. Nein: Es sind erfahrungsgemäß fünfundzwanzig Euro Umlage für die ganze Zeit, die zum Einkaufen für Frühstück und Abendessen reichen. Straßenexerzitien sind „umsonst“: Gott hat uns angenommen, wie wir sind. Wir müssen nichts bezahlen, nichts leisten, um angenommen zu werden und teilnehmen zu können. So wie ich komme, ist es in Ordnung. Die Begleiter_innen verlangen kein Honorar; sie schenken ihre Zeit, meist ist es ihre Urlaubszeit. Die (Gemeinde- oder Bildungs-)Häuser stellen einfache Gruppen- und Waschräume umsonst zur Verfügung.

Menschen in Straßenexerzitien sind unproduktiv und ineffektiv für alle wirtschaftlichen Prozesse: Es wird kaum gekauft und konsumiert, nicht produziert, nichts gemacht, nichts gedienstleistet, nichts effektiviert. Wer Straßenexerzitien macht, verhält sich gegen den Strom der Wirtschaftlichkeit im Sinne des Mehr-und-Mehr und Besser-und-Besser. Straßenexerzitien sind ein Zeichen gegen den gesellschaftlichen Trend der Durchökonomisierung des gesamten Lebens. Sie knüpfen an Jesus an, der sich gegen die Besatzerökonomie seiner Zeit wandte.

Die damaligen römischen Münzen waren Zeichen der Unterdrückung durch die Fremdherrschaft und ihr Gebrauch galt bei den Juden auch wegen des eingravierten Bildes des Kaisers, der angebetet werden wollte, als Götzendienst. Als Jesus Stellung beziehen soll, wie er es mit dem Steuernzahlen halte, lässt er sich von den hinterhältig Fragenden eine solche Münze zeigen, bringt sie damit in Verlegenheit und sagt dann: Gebt dem Kaiser *zurück*, was des Kaisers ist, und gebt Gott, was Gottes ist. Mit der Formulierung „gebt zurück" und seiner Deutung bringt der jüdische Neutestamentler Pinchas Lapide die generelle Absage Jesu an den Handel mit römischem Geld zum Ausdruck. Jesu Haltung war zugleich eine Solidaritätserklärung mit der einfachen Landbevölkerung, die im Gegensatz zur städtischen Oberschicht gar keinen Umgang mit römischem Geld hatte.

Experimentierfeld Menschlichkeit

Wie können wir heute aus einem unterdrückerischen und ausbeuterischen Weltwirtschaftssystem aussteigen oder es wenigstens begrenzen? Wo gibt es Alternativen? Straßenexerzitien geben keine wirtschaftspolitischen Antworten. Sie eröffnen ein Experimentierfeld und regen damit zur Erweiterung persönlicher Handlungsspielräume an. Wer sich traut, mit wenig oder gar ohne Geld den Tag auf der Straße zu verbringen, spürt, dass er oder sie auf Gaben angewiesen ist. Eine Teilnehmerin erzählt einem Passanten von ihren Straßenexerzitien, wie sie mit anderen in der Stadt auf der Suche nach Gott ist, und der Passant bittet sie zu sich nach Hause und holt für sie aus seinem Garten frisches Gemüse und gibt ihr ein Brot mit. Beide sind Beschenkte durch die Begegnung: die Teilnehmerin darüber hinaus mit Lebensmitteln für die Gruppe.

Auf der Straße spüren wir, dass wir alle Bettlerinnen und Bettler sind: Wir brauchen den anderen Menschen, seine Zuwendung, seine Gabe. Wir Menschen sind alle auf „Brot und Wein" angewiesen: auf leibliche Nahrung und auf Begegnung. Im Islam werden Bettler wertgeschätzt; sie haben eine von Gott gegebene Aufgabe, nämlich Menschen die Möglichkeit zu geben, gut zu anderen zu sein. Dasselbe gilt für die christlichen Bettlerorden. Wenn wir die Bedürftigen in ihrer Unterschiedlichkeit wahrnehmen, hilft dies, unsere Menschlichkeit nicht zu verlieren. In der Debatte um Regeln für die Zuwanderung wird unterschieden zwischen guten Zuwanderern, die als Fachkräfte willkommen sind und zum Bruttosozialprodukt beitragen, und schlechten Migranten, die „uns auf der Tasche liegen". Wer sich während der Straßenexerzitien auf eine Parkbank neben Menschen setzt, die auf der Straße leben, kann spüren, wie die Verachtung vorbeigehender Menschen auch ihn oder sie trifft.

Straßenexerzitien sind eine Einübung in Solidarität. Jeder Mensch zählt und jede_r gehört zur Gemeinschaft dazu, auch diejenigen, die nicht zum Bruttosozialprodukt beitragen. Ohne sie wäre unsere Gesellschaft menschlich ärmer.

Straßenexerzitien können zu Initiativen der Solidarwirtschaft anregen (mehr dazu unter www.solidarische-landwirtschaft.org). In immer mehr Städten werden brachliegende Flächen von Interessierten bewirtschaftet, oft gemeinsam mit Menschen, die Hartz-IV-Empfänger sind. Essensfeiern stiften neue Gemeinschaft. Tauschringe, Nachbarschaftshilfe und regionale Währungen verringern die Abhängigkeit vom Geldmarkt. „Es gibt keine erwiesene Korrelation zwischen monetärem oder materiellem Reichtum einerseits und Glück oder Wohlergehen andererseits", schreiben Wissenschaftler_innen im konvivialistischen Manifest (www.diekonvivialisten.de). Sie regen neue Wege des Zusammenlebens an und verweisen auf existierende Formen einer Ökonomie der Gabe: Es muss nicht immer alles berechnet werden; es ist auch möglich, einen Vorschuss zu geben und darauf zu vertrauen, dass andere auch geben, wenn sie können. Die Exerzitien sind kein politisches Programm, um Missstände zu überwinden. Sie können Gedanken darüber anregen, wie beispielsweise anstelle eines auch die Umwelt zerstörenden Wirtschaftswachstums ein Wachstum an Solidarität möglich ist. Straßenexerzitien gehen von dem Einverständnis darüber aus, dass wir uns unser Menschsein nicht erst verdienen müssen, sondern dass vielmehr jede/r auf unserem Planeten so angenommen ist, wie er oder sie ist. Dieses Einverständnis will gelebt sein; in den Straßenexerzitien kann das Angenommen-Sein ohne eigenen und eigenes Verdienst eingeübt werden.

Gesellschaftliche Verbundenheit mit allen und allem

Insbesondere auf Menschen aus helfenden Berufen (Seelsorger_innen, Lehrer_innen, Sozialarbeiter_innen, ...) wirken Straßenexerzitien oft wie eine Erholung: Ich muss nichts für andere tun, ich darf ganz bei mir bleiben. Wie im Urlaub darf ich tagsüber einfach nur schauen, wahrnehmen, hören, riechen, schmecken und ich trete dann in Kontakt, wenn ich spüre, dass es jetzt mir und meinem Gegenüber guttut. Abends werden die Erfahrungen dann geteilt. Aber das Teilen während der Exerzitien führt mich nicht in dieselbe Enge wie das Immer-geben-Müssen. Obwohl oft fünf bis sieben Personen in einem Raum schlafen, sagte eine Teilnehmerin: „Es ist unglaublich! Ich habe es mir nicht vorstellen können, doch es ist eine solch schöne Achtsamkeit da: Jede darf bei sich bleiben, auch in dieser Enge!" Das Teilen wird nicht zur Ideologie gemacht: Wenn es jemandem beispielsweise im Schlafraum zu viel wird, wird nach Ausweichmöglichkeiten gesucht.

„Versuch doch mal etwas Neues!" Das ist eine häufige Anregung in Straßenexerzitien, um zu testen, inwieweit ich die eigenen Verhaltensgrenzen erweitern kann. Wenn Gottes Liebe allen gilt, wie kann sich dann seine Grenzenlosigkeit in der Liebe bei mir widerspiegeln?

Den bekannten Vers „Darum sollt ihr vollkommen sein, wie euer Vater im Himmel vollkommen ist" (Matthäus 5,48) übersetzt der mennonitische Theologe Walter Wink in seinem Werk „Verwandlung der Mächte" (2014:140f) so: „Ihr sollt also allumfassend in eurer Liebe sein, wie euer himmlischer Vater allumfassend ist." Aus seiner Sicht verstehen wir diesen Vers falsch, wenn wir eine Forderung nach Vollkommenheit aus ihm herauslesen. Wir sind unvollkommen und dürfen es sein. Wir sind vielmehr aufgerufen, die Geste des himmlischen Vaters, der alle in seiner Liebe umschließt, aufzunehmen – so gut wir können. Dem geht die spirituelle Erfahrung der Einheit voraus, dass Gott in jedem und jeder, in allem gegenwärtig ist. Diese Erfahrung geschieht nicht an einem Rückzugsort, sondern mitten im Leben, mitten in der Zerrissenheit unserer Gesellschaft. Wenn ich erfahre, dass Gott in jedem Menschen und an jedem Ort etwas für mich bereithalten kann, kann ich niemanden und nichts mehr von vornherein abschreiben. Das prägt auf die Dauer.

Jesus lädt uns ein, den Weg der befreiten Menschwerdung weiterzugehen. Jesus ist diesen Weg im Blick auf alle Menschen gegangen bis hin zu den von vielen ausgestoßenen und verachteten Zöllnern und Sündern. Seine unbegrenzte Offenheit duldete auch keine Einschränkung auf sein Volk. In diese Einstellung der allumfassenden grenzenlosen Liebe ist Jesus erst nach und nach hineingewachsen; er hat sie auf der Straße in den Begegnungen mit Menschen „gelernt". Es war eine Kanaanäerin, die ihn darauf stieß, dass er nicht nur zu den verlorenen Söhnen und Töchtern Israels gesandt ist, sondern zu allen Menschen und Völkern (Matthäus 15,21-28).

Bewertungen zurücklassen

Auf dem Weg der Menschwerdung begegnen wir immer neu dem in uns Beiseitegeschobenen, dem Unbelebten. Durch die Begegnung mit Menschen, die uns eher fremd sind, zu denen wir vielleicht lieber auf Abstand blieben, entdecken wir Seiten an uns, die uns bisher unbekannt waren. Die Erfahrungen in den Exerzitien können uns ermutigen, neu hinzusehen und die anfängliche Angst zu überwinden. Wir treten immer mehr ins Leben. Dass Menschen, die sonst ausgegrenzt werden, von mir wahrgenommen und geachtet werden und dass auch ich genau dadurch immer mehr gemeinsam mit ihnen ins Leben trete – dieser Zusammenhang wird in den Straßenexerzitien spürbar.

Was unsere Gesellschaft prägt, sind bewertende und abwertende Einteilungen und Ausgrenzungen. In den Straßenexerzitien wird all das zurückgelassen: Der Blick geht nicht auf Eyecatcher wie Aussehen, Sprache, Sympathie/Antipathie und Intelligenz; der Blick wird nicht geprägt von spontanen Rollenbildern bezogen auf Beruf, Rang und Namen; er fixiert sich nicht auf eigene belastende alte Erfahrungen; er wird nicht eingeschränkt durch Zeitdruck und Hetze. In den Blick kommt der Mensch.

Die Teilnehmerinnen und Teilnehmer der Straßenexerzitien duzen sich untereinander und mit den Begleitern und Begleiterinnen; Rang und Namen, Titel und gesellschaftlicher Stand treten in den Hintergrund. Dieser Umgang auf Augenhöhe ist Modell für den Umgang mit Menschen auf der Straße.

Dieser Umgang miteinander ist eine Übung gegen die Ausgrenzung. Ausgrenzung wird auch da betrieben, wo in karitativer und diakonischer Arbeit Menschen deutlich gemacht wird, dass sie so nicht in Ordnung sind, wie sie sind, dass sie sich erst ändern müssen. In Straßenexerzitien wird geübt, jeden Menschen so anzunehmen, wie er oder sie ist. Dass *danach* in der professionellen Sozialarbeit im ehrlichen Dialog auch Fragen nach Verhaltensänderungen anstehen, steht auf einem anderen Blatt. Wenn aber dieser erste Schritt der respektvollen und liebenden Begegnung fehlt, ist der Einstieg in eine diskriminierende Herrschaftskommunikation bereits vollzogen.

Aus psychologischer Sicht haben Bewertung, Einteilung und Diskriminierung eine Schutzfunktion: Ich will mich von Schwächeren abgrenzen und vor ihnen schützen, nicht zu ihnen dazugehören und selbst schutzlos und angreifbar werden. Unsere Gesellschaft steht in der Gefahr, beeinträchtigte, schwache und schutzlose Mitglieder der Gesellschaft immer mehr auszugrenzen, ihnen sogar das Lebensrecht zu verweigern. Menschliches Leben mit Downsyndrom kann pränatal diagnostiziert und „verhindert" werden; alte Menschen sehen sich immer deutlicher auf die Möglichkeit hingewiesen, dass man seinem Leben auch selbst ein Ende setzen kann, wenn es für einen selbst (und gemeint ist: auch für die Gesellschaft) zu sehr zur Last wird.

In den Straßenexerzitien können wir damit experimentieren, uns selbst schutzlos und schwach ohne Panzer von Geld, Status, Rolle auf die Straße zu begeben. Vielleicht fühlen wir uns irgendwann angegriffen und spüren den Schmerz von Diskriminierung. Dadurch machen wir uns verwundbar. In dieser Verwundbarkeit werden wir solidarisch mit ihnen. Wir begeben uns in eine doppelte Gottesnähe. Wir sind den Entrechteten, Verwahrlosten und Herunter-Gekommenen nahe und damit Jesus selbst. Und wir geben in uns einen Herrschaftsbereich auf, lassen in uns Ohnmacht und Schutzlosigkeit zu – und geben uns dadurch frei für Gottes Liebe. Das ist ein Geheimnis, in dem die Menschwerdung Gottes in uns geschehen kann.

Straßenexerzitien verbinden neue und alte Orte von Kirche-Sein

In der Einführung weisen die Begleiter_innen darauf hin: Werden wir während der Exerzitien auf der Straße gefragt, was wir hier machen, sagen wir nicht: Ich bin im Urlaub, sondern bleiben bei der Wahrheit. Wir sind auf der Suche nach Gott. Wie und in welcher Sprache wir das anderen mitteilen, das liegt an uns. Es geht darum, die eigene Sprache zu finden.

Wir geben so Zeugnis von unserem Glauben und unserer Gottsuche – ohne missionieren zu wollen. Wir erleben Kirche in ihrem ursprünglichen Wortsinn: *Ekklesia* = die Herausgerufenen. Wir sind herausgerufen, gerade auch an die Ränder der Gesellschaft. Es sind die Begegnungen mit Menschen, die uns anrühren und deutlich machen: Hier ist heiliger Boden, hier ist Gott präsent. Wir folgen der Aufforderung im jüdischen und damit auch jesuanischen Glaubensbekenntnis: „Höre, Israel" (Deuteronomium 6,4f). Meist fallen den Einzelnen bei diesen Begegnungen ganz unterschiedliche Aspekte auf. Sie ergänzen sich – genau wie die verschiedenen Weisen unserer Sehnsucht und der dahinter zu ahnenden Gottesvorstellungen – und fügen sich zu einem größeren Bild zusammen. Immer neu werden wir eingeladen, über die uns bekannte Steppe hinauszugehen und uns von der größeren Wirklichkeit des brennenden und nicht verbrennenden Dornbusches überraschen zu lassen.

Kirche-Sein wird auch erlebt in den gemeinsamen Gebeten und Gottesdiensten der Straßenexerzitien-Gruppe: bei den Impulsen durch Teilnehmende morgens vor dem Aufbruch, bei den Eucharistiefeiern und bei der Fußwaschung. Für viele, die mit der etablierten Kirche schmerzliche Erlebnisse verbinden, sind diese Gottesdienste heilsame Erfahrungen. Sie werden aber nicht gegen die verfasste Kirche ausgespielt: Zum Abschluss der Exerzitien gestaltet die Gruppe einen Sonntagsgottesdienst in der Gemeinde mit, in der sie zu Gast ist. Wenn dort von den Begegnungen mit den Menschen im Gefängnis, auf der Straße, im Drogencafé, bei der Aids-Beratung, im Jobcenter und an anderen Orten erzählt wird, dann eröffnen diese Erfahrungen auch der Kirchengemeinde einen anderen Blickwinkel auf diese Menschen. Diese erzählten und geteilten Erfahrungen können in der Gemeinde das Schauen auf Menschen am Rande, die meist auch nicht zur Kirchengemeinde zählen, verändern. Innerhalb der Kirche vermögen die Teilnehmer_innen der Straßenexerzitien den Blick auf die Menschen zu lenken, die Opfer von Hilfsleistungen, von Diakonie, aber auch vom Übersehen-Werden und von Geringschätzung geworden sind. Sie schärfen den Blick für den ersten Schritt, der das achtsame Wahrnehmen des anderen einfordert. Sie machen deutlich, dass es keine Gnade derer ist, die wie auf welche Weise auch immer reich sind, den sogenannten Armen etwas zu geben, sondern dass es ihr Recht ist, dem sich die „Reichen" zu beugen haben. Das ist provokant, das dreht das Denken um. Es ist aber nicht garantiert, dass diese Begegnungen in der bestehenden traditionellen Kirche gelingen: Das Erzählen kann verunsichern und ein Bedürfnis nach Abgrenzung hervorrufen. Jesu unbegrenzte Offenheit verunsicherte viele Zeitgenossen und er selbst wurde wie alle Propheten vor ihm ausgegrenzt.

Auch wir haben keine Sicherheit, dass wir mit der in den Exerzitien geschenkten Offenheit unsere Umgebung nicht spalten. Im Gespräch mit der Gemeinde sind wir wiederum gefragt, unsere eigene Haltung zu hinterfragen: Sind wir die Besserwisser? Immer wieder sind wir aufgerufen, uns auf den in den Exerzitien erfahrenen Gott auszurichten und unser Ego aus dem Mittelpunkt zu verbannen.

Gemeinsam auf dem Weg mit Menschen anderer Religion und Weltanschauung

In der katholischen Citykirche in Mönchengladbach steht eine Vitrine mit der Tora, der Bibel, dem Koran und einem Buch mit leeren Seiten als Symbol für alle anderen Religionen und Weltanschauungen. In einer interreligiösen Feierstunde wurde diese Vitrine mit Verweis auf Jesaja 2,1-5 aufgestellt. Alle Völker, Nationen und damit auch alle Religionen sind auf der Straße gemeinsam unterwegs zum Herrn: „Zu ihm strömen alle Völker. Viele Nationen machen sich auf den Weg … Man zieht nicht mehr das Schwert, Volk gegen Volk, und übt nicht mehr für den Krieg.“ In den Straßenexerzitien kann die Verbundenheit mit Menschen jedweder Religion und Weltanschauung spürbar werden. Da die Exerzitien meistens in (Groß-)Städten stattfinden, begegnen wir Menschen unterschiedlichster religiöser und weltanschaulicher Herkunft.

Von Straßenexerzitien geprägte Menschen sind im respektvollen Wahrnehmen von Gemeinsamkeiten und Unterschieden der verschiedenen Religionen und Weltanschauungen geübt. Sie üben sich, Menschen anderer Ausrichtungen gern zu haben, ohne zu „kuscheln" und ohne Unterschiede zu nivellieren; sie lernen zu streiten ohne Hass; sie setzen kleinste, kleine und große Friedenszeichen an kleinen Orten; sie lernen sich selbst in ihrer Glaubensvielfältigkeit zu respektieren. Die ökumenische Gemeinschaft von Christinnen und Christen katholischer, evangelischer und freikirchlicher Tradition wird bei den Straßenexerzitien inzwischen als Selbstverständlichkeit gelebt.

Durch die niedrige Schwelle zur Teilnahme sind die Straßenexerzitien eine Chance für gemeinsames geistliches Tun über Konfessions- und Religionsgrenzen hinweg und auch mit denen, die sich zu gar keiner verfassten Religion bekennen, aber nichtsdestoweniger eine geistliche Sensibilität haben. Zu Bernie Glassman, der buddhistische Straßenexerzitien durchführt, bestehen freundschaftliche Kontakte. Auf den alljährlichen Treffen der Begleiter_innen wurde überlegt, ob auch interreligiöse Straßenexerzitien (z. B. von Muslimen und Christen gemeinsam) möglich sind: Wie kann die eigene Spiritualität gestärkt, vertieft und gottesdienstlich ausgedrückt werden und wie können wir gleichzeitig gemeinsam als Christen, Muslime, Buddhisten, Agnostiker und andere auf dem Weg sein und uns austauschen – auch spirituell? Es gibt keine Patentrezepte, aber es gibt erste Erfahrungen beispielsweise des interreligiösen Pilgerns, auf denen Straßenexerzitien in ihrer weiteren Entwicklung aufbauen können. Die Erfahrung, gemeinsam unterwegs zu sein zur Menschwerdung und zur Verbundenheit über die Grenzen hinweg, kann einen wichtigen Beitrag zum Frieden darstellen.

Stärkung der eigenen Spiritualität

In den Straßenexerzitien kann sich der persönliche Glaube, der das Fundament für die Kontaktaufnahme mit Menschen in der uns umgebenden Gesellschaft darstellt, vertiefen. Die Straßenexerzitien finden mitten in der Gesellschaft statt und nicht auf einem abgetrennten Übungsfeld. Durch den täglichen Austausch werden die gemeinsamen Elemente der menschlichen Würde sichtbar, die Geschwisterlichkeit untereinander wird spürbar. Auch wenn die Exerzitien mitten im Leben der Gesellschaft stattfinden, ist der Zugang ohne Rollenzwänge doch etwas Besonderes: So kann ich Neues, Ungewöhnliches, vielleicht Verrücktes ausprobieren und spüren und in Begleitung reflektieren, wie das für mich ist, ob das mögliche Handlungsoptionen für meinen Alltag sein können. Dadurch kann ich innerlich weiter werden und das Eigene besser kennenlernen, mitten in der Zerrissenheit unserer Gesellschaft. Dabei wird nicht organisiert, mobilisiert und nicht zum Boykott aufgerufen; die Verbundenheit fließt vielmehr still in die Umgebung hinein.

Die Exerzitien unterstützen den Prozess vom Konflikt zur Gemeinsamkeit. Gesellschaftlich wird gern auf die Unterschiedlichkeit Wert gelegt. In den Exerzitien gehen wir den Weg, Gemeinsamkeiten zu entdecken und von dort aus auch Unterschiedliches zu integrieren. Das ist der Weg der entdeckten Liebe zueinander. Die spirituelle Erfahrung der Einheit, in der Gott gegenwärtig ist, wird so möglich. Straßenexerzitien sind eine Übung darin, sich führen zu lassen von Gottes Geistkraft, hin zum Ich-bin-da.

Nachwort von Klaus Mertes

Wie ich durch die Exerzitien auf der Straße lernte, die ignatianischen Exerzitien besser zu verstehen

1977 trat ich in den Jesuitenorden ein. Von Exerzitien hatte ich vorher nichts gehört. Ich erinnerte mich nur an Vortrags-„Exerzitien“ für die ganze Mittelstufe, bei denen ich als Schüler damals eingeschlafen war. Ich brauchte im Orden einige Jahre, um mich auf die ignatianischen Einzelexerzitien einzulassen, auf die Begleitungsgespräche. Ich begriff langsam, dass es nicht nur ein intellektueller Vorgang ist, das Leben Jesu mit allen Sinnen zu betrachten und aufmerksam auf die eigenen inneren Reaktionen zu achten, sondern dass es eine Vorbereitung und innere Einstellung darauf ist, dass mir Jesus in meinem Leben tatsächlich begegnen könnte. Während der ignatianischen Exerzitien begegnete er mir vor allem in der Schrift. Je regelmäßiger und sorgfältiger ich die Schrift betrachtete, umso lebendiger stieg in meinem Herzen das Bild Jesu auf. In der täglichen Unterscheidung der Geister versuchte ich immer mehr, an diesem lebendigen Jesus in mir Orientierung für mich und meine Entscheidungssituationen zu finden.

Doch dann begegnete mir der Ruf des Auferstandenen eines Tages überraschend außerhalb der „Übungen“ und auch außerhalb der Schrift, und zwar mit einem Auftrag, den ich mir nicht ausgesucht hatte und der mich aus der Ordnung der Übungen und der Schriftbetrachtung, ja, aus der Ordnung meines Lebens herausriss. Es ging bei diesem Auftrag darum, in einer Gewaltsituation zu intervenieren und verlässlichen Schutz zu geben. Diese Begegnung öffnete mich für die Einladung zu Exerzitien auf der Straße. Christian Herwartz und Alex Lefrank kündigten sie 1996 über eine kleine Notiz in unserem jesuiteninternen Informationsblättchen für den Sommer 1997 an.

Seit der Ruf Jesu in meinem Leben so konkret geworden war, gelang mir die Rückkehr zu den klassischen ignatianischen Übungen nicht mehr. Das konnte ich nicht sofort akzeptieren. Ich versuchte es zwei bis drei Mal, aber es klappte nicht. Es blieb ein Gefühl der Leere und Traurigkeit, das nicht vom „guten Geist“ sein konnte, wie Ignatius es in seinen Exerzitien formuliert. Die Liebe zur Schrift und die Lebendigkeit des „inneren Jesus“ blieben zwar, aber sie führten mich nicht mehr weiter. Im Gegenteil, sie selbst waren es, die mich über eine Grenze schubsten, hinter die ich nicht mehr zurück konnte. So nahm ich die Einladung zu dem Experiment an, das damals noch gar nicht „Exerzitien auf der Straße“ hieß, sondern „Exerzitien an sozialen Brennpunkten“. Die Einladung leuchtete mir ein: Die Straße wurde mir zur Schrift, die Betrachtung mit allen Sinnen wurde vertieft durch die Begegnung mit Menschen auf der Straße. Die Übungen auf der Straße öffneten meinen Blick für die „Geschenke in allen Ereignissen“, wie ich heute das ignatianische Wort von „Gott suchen und finden in allen Dingen“ übersetze.

Doch wie das so ist bei Grenzüberschreitungen, die nicht Grenzverletzungen aus Gewalt sind, sondern Grenzüberschreitungen, in die man durch Not oder durch Liebe oder durch beides gezogen wird: Sie verändern den Blick auf das ganze Leben, nach vorne und nach hinten. Wenn man eine Grenze überschritten hat, dann hat man nicht nur eine neue Landschaft vor sich, sondern sieht auch die Landschaft hinter sich neu. Mein persönlicher Übertritt über den Grenzfluss (vgl. die Jakobsgeschichte am Jabbok, Genesis 32,23-33) war die Entscheidung gewesen, eine Erfahrung auf der Straße meines Lebens als Ruf Jesu an mich persönlich zu deuten. Ich war gemeint, ausgerechnet ich. Die Offenheit für diese konkrete Ansprache fand ich in den Exerzitien auf der Straße als Übung wieder. Später habe ich bei der Begleitung von Exerzitien auf der Straße erlebt, dass Übende den Jabbok für sich während der Exerzitien zum ersten Mal überschritten – auch bei den abendlichen Gruppengesprächen, in denen es um die Deutung der Begegnungen auf der Straße geht, und in denen dann auch manchmal die Entscheidung fiel, sich zu der theologischen Deutung einer Begegnung zu bekennen. Das sind heilige Momente in den Gruppengesprächen. Hier erlebte ich zugleich bei anderen, was ich selbst erlebt hatte: Wenn ich einmal Ja dazu sage, dass mir in einer Begegnung persönlich ein Geschenk des Himmels, ein „Wort Gottes" entgegenkommt, dann verändert sich der Blick auf alles in meinem Leben, nach vorne wie nach hinten.

Der Einstieg in die Exerzitien

Die ignatianischen Übungen beginnen mit dem „Prinzip und Fundament". Der Text im Exerzitienbüchlein ist etwas sperrig zu lesen; ein kurzer, in Katechismus-Sprache gehaltener Abschnitt. In den klassischen Übungen verband ich den Blick auf mein „Fundament" mit der Übung der Dankbarkeit. Mit ihr begannen die Exerzitien. In den Exerzitien auf der Straße veränderte sich jedoch mein Zugang zum Fundament: Nun ging es stärker darum, der eigenen Lebenssehnsucht auf die Spur zu kommen, und zwar durch Abgrenzung, durch das Nein-Sagen. Die Übung der Dankbarkeit könnte ja – ganz gegen ihren Sinn – mit „positivem Denken" verwechselt werden. Mich belastete diese Übung der Dankbarkeit gerade in den 1990er-Jahren, weil ich immer wieder in der Falle landete, das Schmerzliche zunächst einmal beiseitezuschieben und das Positive zu suchen, das mein Fundament sein sollte. Jetzt fand ich für mich mein persönliches Ja in der Befreiung über das Nein. Es geschah ähnlich wie bei der Taufe, wo zu Beginn des Glaubensbekenntnisses danach gefragt wird, wozu ich Nein sagen will („Widersagst du dem Bösen, um in der Freiheit der Kinder Gottes zu leben?"). Indem ich verstärkt gerade am Anfang auf das blicken konnte, wozu ich Nein sagte, fand ich neuen Zugang zu dem Ja hinter dem Nein. Das positive Fundament meines Glaubens wurde so überraschend neu freigelegt.

„Sehnsucht" ist in der Sprache von Ignatius ein wichtiges Wort. Ignatius stellt Kandidaten, die in den Jesuitenorden eintreten wollen, die Frage, ob es eine Sehnsucht gibt, die sie treibt. Wenn sie diese Frage (noch) nicht beantworten können, fragt er nach, ob sie wenigstens eine Sehnsucht nach der Sehnsucht haben. Antwortet die gefragte Person dazu mit Ja, ist die Aufnahme in den Orden möglich.

Um dasselbe geht es bei der Anfangsfrage in den Exerzitien auf der Straße. Der Ausgangspunkt ist auch hier die Sehnsucht, meine Sehnsucht, die sich hinter der Trauer, dem Ärger oder dem Zorn verbirgt, den ich in die Exerzitien mitbringe. In den Exerzitien auf der Straße ist die Dankbarkeit auch das Herzstück der abendlichen Gespräche in der Gruppe. Allein schon die Tatsache, dass ich etwas von meiner Sehnsucht besser kennengelernt habe, ist ein Anlass zur Dankbarkeit. Der mitgehende Gott, den jeder und jede persönlich ansprechen kann, ist das „Fundament“ in dieser Exerzitienform.

Die Begegnung mit Gott im Leben

Ignatius unterteilt seine Exerzitien in „vier Wochen“, wobei diese „Wochen“ nicht notwendigerweise als Zeitangabe verstanden werden müssen. Sie enthalten vier Themenschwerpunkte:

1. Barmherzigkeit Gottes, Sünde des Menschen
2. Menschwerdung
3. Kreuz
4. Auferstehung.

In der „Ersten Woche“ werden die Adamssünde und die eigenen Sünden vor dem Hintergrund der Barmherzigkeit Gottes betrachtet. Es geht um Bekehrung, um Umkehr – *metanoia* = umdenken. Die Betrachtung von Gottes Barmherzigkeit ermöglicht den kritischen Blick auf den Zustand der Schöpfung, an deren Zustand ich nicht unbeteiligt bin und die ihrerseits an meinem Zustand nicht unbeteiligt ist. Ignatius erlebte diesen Prozess der Selbsterkenntnis existenziell auf dem Krankenbett in Loyola, einen Prozess, der ihn von einem „christentümlichen“ Traditionschristen zu einem Menschen mit lebendiger Geist-Erfahrung wandelte, zu einem Konvertiten im eigentlichen Sinne des Wortes.

Meine Not mit der „Ersten Woche der Exerzitien“ bestand darin, dass ich kein ausgeprägtes Sündenbewusstsein hatte. Wenn ich konkret mit Blick auf mich selbst in die Betrachtungen der „Ersten Woche“ ging, betrachtete ich dann doch eher die „Sünde der Welt“ und die Sünden der anderen. Höchstens meine darin erahnte Selbstgerechtigkeit konnte ich mir zum Vorwurf machen, die ich aber tendenziell für weniger ausgeprägt hielt als die Selbstgerechtigkeit der „Schriftgelehrten und Pharisäer“ (vgl. Matthäus 23) oder die der Zeloten aller Zeiten. Das befriedigte mich nicht und führte mich in einen Widerspruch. Ich sehnte mich, wenn man es so sagen kann, nach einer Erfahrung, nach der man sich nicht sehnen kann, nämlich mich wie Ignatius auf dem Krankenbett von Loyola vor Gott als Sünder zu begreifen und ganz neu denken zu dürfen, umzudenken – *metanoein*. Die „glückliche Schuld“ aber, von der im Osterlob die Rede ist („O glückliche Schuld, welch großen Erlöser hast du gefunden!“), kann man nur im Rückblick selig preisen. Man kann sich nicht nach ihr sehnen.

In den Exerzitien auf der Straße wird der Vorgang der Umkehr im Anschluss an die Dornbuschgeschichte durch das Ausziehen der Schuhe ausgedrückt: „Zieh deine Schuhe aus, denn der Ort, wo du stehst, ist heiliger Boden“ (Exodus 3,8). Die Aufforderung zur Umkehr ist also mitgegeben, wenn ich dem brennenden und nicht verbrennenden Dornbusch begegne. Daraus folgt, dass es in der „Ersten Woche" zunächst nicht um die Suche nach der eigenen Sünde geht, sondern um die Suche nach Gottes Gegenwart in meinem Leben. Dass die Schuhe mich daran hindern, den heiligen Boden, die Gegenwart der Gottheit zu spüren, merke ich, wenn ich dem Dornbusch schon begegnet bin. Es geht also zunächst um den Dornbusch.

Wenn es sich so verhält, dann ist Sünde mehr als die Übertretung moralischer Regeln, wie ich sie in der „Ersten Woche" so angestrengt bei mir ausfindig zu machen suchte. Sünde ist zunächst etwas Religiöses, das mich von der brennenden Gegenwart Gottes abtrennt, mich von ihr „verschont"; die Sohlen, die zwischen mir und dem heiligen Boden stehen. Im Rückblick erinnere ich mich an eine Begegnung aus meiner Zeit in Kalkutta: Ich lebte dort 1990 in einer medizinischen Station der „Ärzte für die Dritte Welt" mitten im Slum. Unsere Aufgabe war es, den Ärmsten der Armen kostenlosen Zugang zu medizinischer Versorgung zu ermöglichen. Wir lebten sozusagen im moralisch Richtigen. Doch die Gelegenheit zur eigentlichen „Konversion" ergab sich erst, als sich eine Familie zu uns in die Hütte einlud. Sie wollte sich für unsere Hilfe bedanken. Das war im Helferprogramm allerdings nicht vorgesehen. Ich merkte, wie dick meine Sohlen waren, wenn ich die Hütte der Armen betrat. Die meisten Gaben der Armen konnte ich nicht annehmen, weil sie mich ekelten, weil ich Angst vor Ansteckungsgefahr hatte, weil ich eigentlich keine Beziehung zur Familie wollte.

Die Exerzitien auf der Straße machen plastisch deutlich, worum es gerade auch in den ignatianischen Exerzitien geht: die Begegnung mit Gott im eigenen Leben.

Die Erkenntnis, dass mich die Schuhe von der Gegenwart des Heiligen trennen, ergibt sich automatisch, wenn dieser Moment der Begegnung da ist. Die Scham über mich selbst kommt von selbst. Selbst wenn ich mich ja in der Regel nicht irgendwann entschieden habe, diese Schuhe zu tragen. Sie waren vielmehr schon immer an meinen Füßen – Stichwort „Adamssünde". Nur: Jetzt habe ich die Gelegenheit, sie entweder auszuziehen oder sie weiterzutragen. Wenn der Dornbusch brennt, dann steckt darin die Gute Botschaft: „Die Gelegenheit ist da. Denk um" (vgl. Markus 1,13).

Eine Nebenbemerkung sei hier angebracht: Mit dieser theologischen, „charismatischen" Offenheit für Gottes Geist, der hier und jetzt wirkt, ist der Straße auch jede Sozialromantik genommen. Auf der Straße gibt es Gut und Böse, Begegnung und Gewalt. Die Gewaltverhältnisse, die die Armen auf die Straße drücken, wiederholen sich auf der Straße. Doch mittendrin kann ein Dornbusch brennen, der nicht verbrennt, mittendrin auf der Straße, wo alles offen daliegt.

Die Option für die Armen und mit ihnen zusammen

Ignatius gebraucht in seinem Exerzitien-Büchlein oft eine Sprache, die auf zeitgenössische Ohren masochistisch wirken könnte. Er schreibt von einer Sehnsucht nach der „Armut mit dem armen Christus", nach der „Schmach mit dem geschmähten Christus", nach dem Leiden mit dem leidenden Christus. Eigentlich sind all das Motive der gesamten christlichen Frömmigkeit. Im Gesang „Stabat Mater" – eine mittelalterliche Dichtung, die ich in ihrer Vertonung von Dvořák besonders gerne singe und höre – geht es um das Leiden mit der mit ihrem Sohn mitleidenden Mutter. Ziel ist auch hier das buchstäbliche Mit-Leiden mit dem leidenden, „kreuztragenden" Christus, dem sich Ignatius spätestens seit der La-Storta-Vision „zugesellt" fühlt – weshalb der Name des Ordens auch „Gesellschaft Jesu" lautet. Ignatius empfiehlt den Übenden, dieser Sehnsucht Raum zu geben. Nicht, weil eine „Schmerz-Leistung" zu erbringen wäre, sondern aus Liebe zu Christus, um ihm auch in seinem Schmerz nahe zu sein.

Man kommt in den ignatianischen Exerzitien am Thema Schmerz nicht vorbei, auch in der Begegnung mit dem Dornbusch nicht. Der ist nämlich kratzig. „Kratzig" ist alles, was sich nicht weich und glatt anfühlt: der harte Boden, auf dem ich schlafe; der Schluck trüben Wassers, der mir in der Hütte der Armen gereicht wird; der Geruch der Obdachlosen neben mir in der Suppenküche; die Fremdheit der Moschee. Für Ignatius war auch seine erste Begegnung mit Jesus „kratzig": sowohl seine Verletzungen bei der Verteidigung der Stadt Pamplona als auch die Lektüre der Heiligengeschichten und des Lebens Jesu, auf die er mangels unterhaltsamerer Lektüre in den langen Monaten auf dem Krankenbett schließlich eher widerwillig zurückgriff.

Die Masochismus-Verdächtigung dieser Sehnsucht ist natürlich dennoch ein ernster Punkt. Zu oft bediente die Kreuzesfrömmigkeit masochistische und sadistische Bedürfnisse und verstärkte sie. Aber andererseits entkommt man der Kreuzesfrömmigkeit nicht, wenn man dem Evangelium begegnet. Auf der Straße ist das leiblich spürbar. Es kann richtig wehtun. Die Sehnsucht nach dem kratzigen Dornbusch ist allerdings nicht die Sehnsucht danach, gekratzt zu werden, sondern die Sehnsucht nach der brennenden Gegenwart im kratzigen Dornbusch. Aber wer einmal dem Kratzigen des brennenden Dornbuschs begegnet ist, kann das Kratzige auch nicht mehr einfach abtun als etwas, das eigentlich nichts mit dem Dornbusch zu tun hätte. Gott und Leiden lassen sich nicht trennen. Die Begegnung mit Jesus ist auch Begegnung mit seinem Leiden, mit seiner Dornenkrone, die dann auch mir wehtut – weil sie mich berührt in meiner Nähe zum Dornengekrönten. Gott fügt mir in der Begegnung mit Jesus nicht aktiv Leiden zu. Aber es gibt keine Möglichkeit zu einer größeren Nähe mit Gott, ohne dass wir uns dem Kreuz so nähern, dass es auch mir wehtut.

Ich finde es sehr schwer, diesen Aspekt des Exerzitienweges angemessen auszudrücken. Vielleicht so: Liebe und Schmerz gehören zusammen. Das singen zwar auch alle möglichen kitschigen Liebeslieder, aber dadurch wird es nicht falsch. In den Exerzitien auf der Straße begegnen die Übenden oft einem eigenen Lebensschmerz, ausgelöst durch eine Begegnung auf der Straße. Die Begegnung mit dem Obdachlosen führt mich zum Beispiel zu meiner eigenen Obdachlosigkeit. Es geht dann im Weiteren nicht darum, diesen Schmerz – worin immer er bestehen mag – loszuwerden. Die Exerzitien haben keine therapeutische Absicht, auch dann nicht, wenn sie therapeutische Wirkungen hinterlassen. Denn es gibt Schmerzen, die so sehr zu meinem Leben gehören, dass ich sie gar nicht mehr loswerden will, jedenfalls nicht um den Preis des Verrats an der Geschichte, die zu diesem Schmerz gehört, oder an den Personen, die mit dieser Schmerzgeschichte zusammenhängen. Der Auferstandene zeigt den Jüngern seine Wunden (Johannes 20,24-28). Das führt – in der Sprache der Dornbuschgeschichte – nicht nur dazu, dass Thomas sein Gesicht verhüllt und seine Schuhe auszieht. Vielmehr verwundet ihn dieses Zeigen der Wunde und öffnet ihn damit nicht nur für die Empathie mit dem Gekreuzigten, sondern auch für die Wahrnehmung seiner eigenen Wunde. Das verwandelt ihn. Wunde ist nicht mehr nur etwas Negatives, sondern vertieft die Begegnung, öffnet für die Liebe.

Als die Exerzitien auf der Straße – die damals noch nicht so hießen – zum ersten Mal angeboten wurden, stand im Einladungsschreiben der Hinweis, es gehe darum, größere Nähe zu den Armen zu üben. Alex Lefrank, der erfahrene Exerzitienbegleiter, sagte damals, dies sei genau der Punkt, an dem er in den ignatianischen Exerzitien noch nicht weitergekommen sei, wie die „Option für die Armen" noch konkreter eingeführt werden könne. Er hatte dann selbst um Exerzitien in Berlin-Kreuzberg gebeten und sie anschließend begleitet. So war es zu der Einladung gekommen. Die Exerzitien auf der Straße setzen also von ihrer Entstehungsgeschichte her etwas von der Sehnsucht nach der Nähe zum „armen Christus in den Armen" voraus. Wer auf die Straße geht, trägt schon etwas von dieser Sehnsucht in sich, die auch die Sehnsucht der ignatianischen Exerzitien ist.

Mit den Erfahrungen öffentlich werden

Die meisten Exerzitien finden hierzulande in Exerzitienhäusern statt. Auch mein Weg zu den Exerzitien auf der Straße führte über mehr als zwanzig Jahre klassischer Exerzitien in Exerzitienhäusern – mit Stille, Einzelzimmer und Vollverpflegung. Als ich die Einladung zu den Exerzitien auf der Straße annahm, erlebte ich etwas anderes. Zwar bildeten das enge Zusammenleben mit den anderen Exerzitanden, die gemeinsamen Gottesdienste und die Gruppengespräche so etwas wie eine „Behausung“ für die Zeit des Abends bis zum Morgen – aber auch sie entsprach nicht der Stille und Zurückgezogenheit in normalen Exerzitienhäusern.

Denn auch in diese Behausung bricht die Straße ein: ein schwieriger Mitexerzitand, eine anstrengende Mitexerzitandin; ein Obdachloser von der Straße nebenan; ein suchender Freak, der kaum eigene Gebets- und Exerzitienerfahrung hat. Hinzu kommt: Der schützende Raum der klassischen Exerzitiensprache wird in dieser Gemeinschaft oft genug zu einer Barriere für die Verständigung. Wer Exerzitien auf der Straße macht, muss sprachlich abrüsten, das gescheite Vielwissen beiseitelassen, und zwar nicht nur in der Stille des eigenen Gebets, sondern auch in der Kommunikation mit der Gruppe der Exerzitanten – und in den Begegnungen auf der Straße sowieso.

Eine besondere Herausforderung sind da die gemeinsamen Gottesdienste vor dem Abendessen und den Gruppengesprächen. Schon bei den ersten Exerzitien auf der Straße feierten wir die Eucharistie bewusst auf dem Boden. Aber wir waren fünf Jesuiten, gemeinsam behaust in der klassischen Sprache der Theologie und Liturgie. Je mehr sich die Exerzitien auf die Straße ausweiteten, umso weniger selbstverständlich wurden die Gemeinsamkeiten im Feiern der Liturgie. Die Straße war plötzlich Teil der Liturgie: Christen unterschiedlicher Konfessionen; Gläubige anderer Religionen; religiös Unbehauste; ein Gast, den ein Exerzitant von der Straße mitgebracht hatte; ein Passant, der zufällig auftauchte. Der Offenheit für die Straße standen die vielfältigen äußeren und inneren Barrieren einer regeltreuen Hochliturgie gegenüber, die uns ja mit vielen Christen verbindet und auch des Respektes bedarf. Das alles führte in Prozesse hinein, die wieder zu einer Umkehrbewegung führten: den Gottesdienst auf der Straße zu feiern. Auf der Straße wird nicht viel gefragt. Man ist einfach da und darf hinzutreten. Auch der Auferstandene feierte seine ersten „Eucharistien" auf der Straße: als Gast im Haus von Kleopas und Maria in Emmaus, am See Tiberias mit gebratenem Fisch. Die klassische Liturgie mit ihrer gehobenen Sprache fußt ja ihrerseits auf diesen zunächst ganz einfachen Begegnungen mit dem Auferstandenen. Bei den Exerzitien auf der Straße drängte es in diese ursprüngliche Einfachheit: Gottesdienste an einem Fluss in der Stadt, vor einer Gefängnismauer, Prozession zu einer Kirche, in der Flüchtlinge Asyl gefunden haben, Gesang und Stille bei einem Mahnmal für ermordete Juden mitten in einem großen Kaufhaus.

Erst seit den Exerzitien auf der Straße kann ich mir deswegen vorstellen, dass geistliche Übungen auch ein tragendes Element der Mission sind. Der Begriff „Mission" löst meist die Vorstellung aus, jemand wolle andere von seiner Meinung überzeugen, ihnen etwas beibringen. Aber das ist hier nicht gemeint: Die Verkündigung des Evangeliums besteht zunächst einfach in einer Einladung an alle, sich auf einen Weg des Hörens und Begegnens zu begeben, und zwar mit der eigenen Sehnsucht nach „mehr", wie immer ich dieses „mehr" vor dem Hintergrund meiner Sehnsucht nennen will. Durch die offene Einladung kommt es zur Begegnung. Die Begegnung verändert beide Seiten, Einladende wie Eingeladene. Oft ergeben sich gerade in den Exerzitien auf der Straße Situationen, die an die missionarischen Situationen der Apostelgeschichte erinnern. Auch Petrus begab sich nicht zu Cornelius, um ihm etwas beizubringen. Vielmehr trieb der Geist Cornelius, Petrus einzuladen; dieser nahm die Einladung an und verändert sich selbst dadurch. Und Cornelius verändert sich durch die Begegnung mit Petrus ebenfalls. So entstand Gemeinschaft aus Juden und Nicht-Juden (vgl. Apostelgeschichte 10).

Ich habe bei Exerzitien auf der Straße oft an diesen Vergleich mit der Apostelgeschichte gedacht, vor allem auch in den letzten beiden Tagen der Exerzitien, in denen die Emmaus-Geschichte im Vordergrund steht. Durch das gemeinsame Hören und Erzählen entsteht Gemeinschaft. Am Anfang können die Jünger den Frauen nicht zuhören, am Ende können sie hören und glauben, weil ihnen der Auferstandene selbst auf der Straße begegnet ist. Das Emmaus-Paar macht diesen Prozess durch und tritt in den „Zirkel des Glaubens", der die Exerzitien auf der Straße trägt: Wenn ich einem Menschen seine Erzählung glaube, dass er oder sie dem Auferstandenen in der einen oder anderen Weise begegnet ist, dann kann ich das nicht, ohne mich dafür zu öffnen, dass er auch mir begegnen könnte. Kirche ist der Ort, an dem wir Glauben finden, an dem wir uns gegenseitig unsere Geschichte mit Gott erzählen können, weil wir hoffen können, dass wir auch selbst Glauben finden.

Kirche wächst dadurch, dass innere und äußere Grenzen überschritten werden, die uns daran hindern zu glauben – das ist der Zusammenhang mit „Mission". Die Exerzitien auf der Straße binden diesen Aspekt verstärkt hinein in das, was bei Ignatius in der „Vierten Woche" geschieht: Die Betrachtung der Auferstehungsgeschichten. Dadurch, dass diese Betrachtung sich verknüpft mit der Erzählgemeinschaft, wird der Zusammenhang von Auferstehung und Entstehung der Kirche deutlich.

Ignatius gründete den Orden als „missionarischen" Orden. Die Exerzitien waren für ihn das wichtigste Instrument der Mission. Aber genau das war es, was ich nur schwer begreifen konnte, wenn ich die klassischen Exerzitien praktizierte. Sie setzten eine Vertrautheit mit der Sprache der Tradition und einen Grad an Zustimmung zu ihr voraus, der eher zu einem Rückzug in eine sprachliche Sonderwelt führte. Und sie waren Einzelexerzitien: Kirche kam in Einzelbetrachtungen und in der täglichen Feier der Eucharistie vor – sonst eher nicht.

Bei den Exerzitien auf der Straße ist das anders: Zum einen ist die Schwelle viel niedriger. Vertraut sein in der Sprache der kirchlichen Tradition ist nicht erforderlich. Auch im Vergleich zu anderen Exerzitienformen sind die Schwellen niedriger: Es gibt beispielsweise keine Hinweise darauf, dass die psychische Gesundheit vorausgesetzt wird. Wer kommt, kommt. Nur in wenigen Ausnahmefällen habe ich erlebt oder sahen wir uns gezwungen, anklopfende Personen abzuweisen. Ausgangspunkt sind die Sehnsucht sowie die Bereitschaft, in der Gruppe zuzuhören und zu erzählen.

Zum anderen wird der Prozess der einzelnen Person mit dem Austausch in der Gruppe verknüpft. Auf der einen Seite wird das Grundelement der ignatianischen Exerzitien bewahrt, nämlich dass es um meinen persönlichen Weg mit Gott und Gottes Weg mit mir geht. Der „Wille Gottes“ ist nicht für jede Person derselbe, Gott zeigt sich jedem Menschen auf besondere Weise. Aber der Austausch in der Gruppe bindet die persönlichen Erfahrungen in ein „Wir“ ein. Das entspricht auch der Erfahrung von Ignatius (und von Paulus und vielen anderen): Persönliche, geistliche Erfahrungen sind dazu da, um Frucht zu bringen. Nicht nur für mich, sondern auch für andere.

Anhang

Das Redaktionsteam

Christian Herwartz SJ, Jg. 1943, war jahrzehntelang Arbeiterpriester. Er lebt in einer offenen Kommunität in Berlin-Kreuzberg, begleitet Menschen, die an den Rand gedrängt sind, und gibt Exerzitienkurse.

Elisabeth Tollkötter, Jg. 1964, lebte 27 Jahre in einer Ordensgemeinschaft und heute in einer festen Partnerschaft. Sie arbeitet als Sozialpädagogin mit Menschen am Rande und mit Pflegefamilien. Sie begleitet Menschen, die ihrem Leben eine tiefere Orientierung geben möchten („geistliche Begleitung").

Maria Jans-Wenstrup, Jg. 1964, arbeitet als Inventurhelferin für eine Leiharbeitsfirma und ist beheimatet im Kreis der Arbeitergeschwister. Geprägt von ihrer langjährigen Zugehörigkeit zu einer ignatianisch inspirierten, katholischen Ordensgemeinschaft, lebt sie heute mit ihrer Lebenspartnerin in Oberhausen im Ruhrgebiet und ist seit Langem Teil der Straßenexerzitien-Bewegung.

Katharina Prinz, Jg. 1959, ist Mutter dreier Töchter, arbeitet im Bereich Spiritualität ihres Kirchenkreises in Schleswig-Flensburg, begleitet Menschen auf ihrem geistlichen Weg, bietet kontemplative Exerzitien und Exerzitien auf der Straße an. www.spiritualitaet-nord.de

Josef Freise, Jg. 1951, arbeitete elf Jahre lang beim Internationalen Christlichen Friedensdienst EIRENE und ist seit 1997 Hochschullehrer für Theorien und Konzepte Sozialer Arbeit an der Katholischen Hochschule NRW in Köln. Er engagiert sich u. a. in der Partnerschaft mit der Universität Bethlehem und im Weiterbildungsmaster „Interreligiöse Dialogkompetenz". www.interreligioeser-master.de

Website: www.strassenexerzitien.de
Viele weitere Erfahrungsberichte, Informationen, Termine, Hintergrundtexte u. a.

Bücher

Herwartz, Christian (Hg.): Gastfreundschaft. Berlin 2004.

Herwartz, Christian: Auf nackten Sohlen – Exerzitien auf der Straße. Ignatianische Impulse Band 18. Würzburg 2006.

Herwartz, Christian / Trobitzsch, Renate (Hg.): Geschwister erleben. Berlin 2010.

Herwartz, Christian: Brennende Gegenwart – Exerzitien auf der Straße. Ignatianische Impulse Band 51. Würzburg 2011.

Herwartz, Christian: Weg der Liebe Gottes unter uns. Misereor Kreuzweg 2011.

Herwartz, Christian / Wollowski, Susanne: Brücke sein: Vom Arbeiterpriester zum Bruder. Berlin 2013.

Herwartz, Christian et compagnos: Nos villes, d'un cœur brûlant – Les exercices spirituels dans la rue. Paris/ Namur 2015.

Hundertmark, Peter: Mit offenen Augen beten. München 2008.

Schindler, Michael: Gott auf der Straße – Studie zu theologischen Entdeckungen bei Straßenexerzitien (theologische Dissertation), Drucklegung 2016.

Szemerédy, Susanne: Vom Gastgeber zur Geisel des Anderen. Münchner Studien zur Erwachsenenbildung Band 8 (philosophische Dissertation), Berlin 2013.

Artikel

Albrecht, Christoph: Die sakramentale Erfahrung Gottes auf der Straße, in: „Diakonia“, Internationale Zeitschrift für die Praxis der Kirche. 36. Jg., September 2005, 339–343.

Ebert, Andreas: Exerzitien auf der Straße, in: Andreas Ebert, Die Spiritualität des Enneagramms. München 2008, 305–313.

Herwartz, Christian: Geht dahin, wo es euch berührt, in: Ursula Richard, Stille in der Stadt. München 2011, 107–118.

Herwartz, Christian: Zieh deine Schuhe an einem Ort aus, der dir unangenehm ist, in: Verena Keil/Nicole Schol, Pimp your Faith – 77 Ideen die deinen Glauben nach vorn bringen. Asslar 2011, 228–230.

Herwartz, Christian/Lehmann, Thomas-Dietrich: Arbeitergeschwister in Berlin, Kirche am anderen Ort. Die Straße als hermeneutisches Prinzip, in: Unterwegs – 100 Jahre Rudolf Weckerling. Berlin 2011, 109–111.

Herwartz, Christian/Prinz, Katharina: Bei den Exerzitien auf der Straße die Handschrift Gottes in uns wahrnehmen, in: Peter Hundertmark/Walter Mückstein (Hg.), Handbuch geistliche Begleitung, Brennpunkt Leben – Brennpunkt Gott. Ostfildern 2012, 156–160.

Herwartz, Christian: Spiritualität und Gegenwart – Auf der Straße, in: Hirschberg – Zeitschrift des Bundes Neudeutschland, Februar 2012, 107–114.

Herwartz, Christian: Ich bin die Straße – Erfahrungen mit Straßenexerzitien, in: Bibel heute, 3. Quartal 2014, die Mittelseiten.

Herwartz, Christian: Dem Auferstandenen heute begegnen – Exerzitien auf der Straße – Eine Standortbestimmung, in: Geist und Leben, 87. Jahrgang, Heft 3, 2014, 252–260.

Herwartz, Christian: Lass dich stören!, Gespräch mit Eva-Maria Werner, in: Kontinente 3, 2014, 18–19.

Herwartz, Christian: Gottesdienst mit der Straße, in: Schweigen, Reden, Handeln – Spirituelles Zentrum St. Martin, München 2004–2014. München 2013, 58–60.

Jans-Wenstrup, Maria / Kleffner, Klaus: Exerzitien am anderen Ort. Straßenexerzitien als geistliche Erfahrung durch fremde Orte, in: Lebendige Seelsorge, 2013 (68) September Heft 3, 215–220.

Kustner, Bettina: In deinen Straßen will ich dir begegnen – Grundriss zu einer Theologie der Straße, Diplomarbeit an der Philosophisch-Theologischen Hochschule Sankt Georgen 2009.

Tollkötter, Petra Maria: Einführung in die Straßenexerzitien, in: EFiD (Evangelische Frauen in Deutschland), Arbeitshilfe zum Weitergeben, 2010.

Videos

„Eine Woche Armut“ im TV-Magazin „Grenzenlos“, SteylMedien 2014: https://www.youtube.com/watch?v=iybUZ2KendM

Abschlussgottesdienst von Straßenexerzitien in der baptistischen Gemeinde Bethania Berlin-Moabit am 16.06.2012: https://www.youtube.com/watch?v=stPMFhQbY9w und https://www.youtube.com/watch?v=EBBgq0Bqqes